Negociação: conceitos fundamentais e negócios internacionais

EDITORA
intersaberes

O selo DIALÓGICA da Editora InterSaberes faz referência às publicações que privilegiam uma linguagem na qual o autor dialoga com o leitor por meio de recursos textuais e visuais, o que torna o conteúdo muito mais dinâmico. São livros que criam um ambiente de interação com o leitor – seu universo cultural, social e de elaboração de conhecimentos –, possibilitando um real processo de interlocução para que a comunicação se efetive.

Negociação: conceitos fundamentais e negócios internacionais

Gustavo Paiva Iamin

Rua Clara Vendramin, 58. Mossunguê
CEP 81200-170. Curitiba. PR. Brasil
Fone: (41) 2106-4170
www.intersaberes.com
editora@editoraintersaberes.com.br

Informamos que é de inteira responsabilidade do autor a emissão de conceitos.

Nenhuma parte desta publicação poderá ser reproduzida por qualquer meio ou forma sem a prévia autorização da Editora InterSaberes.

A violação dos direitos autorais é crime estabelecido na Lei n. 9.610/1998 e punido pelo art. 184 do Código Penal.

Foi feito o depósito legal.

1ª edição, 2016.

Conselho editorial
Dr. Ivo José Both (presidente)
Drª Elena Godoy
Dr. Nelson Luís Dias
Dr. Neri dos Santos
Dr. Ulf Gregor Baranow

Editor-chefe ♦ Lindsay Azambuja

Editor-assistente ♦ Ariadne Nunes Wenger

Preparação de originais ♦ Traços e Ideias

Capa ♦ Charles L. da Silva (design)

Rawpixel.com/Shutterstock (imagem)

Projeto gráfico ♦ Roberto Querido

Diagramação ♦ Querido Design

Iconografia ♦ Vanessa Plugiti Pereira

Dados Internacionais de Catalogação na Publicação (CIP)
(Câmara Brasileira do Livro, SP, Brasil)

Iamin, Gustavo Paiva
Negociação: conceitos fundamentais e negócios internacionais/Gustavo Paiva Iamin.
Curitiba: InterSaberes, 2016.

   Bibliografia.
   ISBN 978-85-443-0358-0

1. Administração 2. Negócios 3. Relações econômicas internacionais I. Título.

15-10480   CDD-658.049

Índices para catálogo sistemático:
1. Negócios internacionais: Administração   658.049

Sumário

Apresentação, 9
Como aproveitar ao máximo este livro, 11

1. Conceitos fundamentais em negociação, 15

1.1 Como tudo começou..., 17 ❖ 1.2 A negociação como um processo, 28 ❖ 1.3 A importância da comunicação no processo de negociação, 33 ❖ 1.4 A negociação: uma construção coletiva, 39 ❖ 1.5 Outras formas de resolver diferenças de posição, 44

2. Antecedentes para a negociação bem-sucedida, 53

2.1 Onde verdadeiramente começa o processo de negociação?, 55 ❖ 2.2 A visão do cliente, 68 ❖ 2.3 A visão do produto, 83

3. Aspectos pessoais e interpessoais na negociação internacional, 101

3.1 Negociar: atividade humana e coletiva, 103 ❖ 3.2 A importância do perfil adequado à negociação internacional, 103 ❖ 3.3 A dimensão cognitiva, 107 ❖ 3.4 A dimensão moral, 122 ❖ 3.5 A dimensão de comunicação e relacionamento pessoal, 131 ❖ 3.6 A dimensão psicoemocional, 141 ❖ 3.7 Uma palavra final sobre *perfil*, 146

4. Macroambiente de negócios internacionais, 151

4.1 A negociação internacional, 153 ❖ 4.2 Estados Unidos, 154 ❖ 4.3 China, 163 ❖ 4.4 Alemanha, 170 ❖ 4.5 O Brasil e a competitividade internacional, 180

5. Alcançando a negociação efetiva, 187

5.1 Entendendo o contexto, 189 ❖ 5.2 Preparando o processo, 198 ❖ 5.3 Desenvolvendo o relacionamento, 217 ❖ 5.4 Fechando o negócio, 231 ❖ 5.5 Acompanhando os resultados e mantendo a relação, 245

Estudo de caso, 257
Para concluir..., 263
Referências, 265
Respostas, 275
Sobre o autor, 279

Este trabalho é dedicado a você, caro leitor. Você é o personagem principal desta história.

Atuar na área de negócios é um desafio diário: como qualquer atividade humana, a negociação é repleta de energia, força e entusiasmo, mas motivada por diferentes interesses e posições, os quais acabam conduzindo a situações de conflito. A você, que abriu a primeira página deste livro porque está em busca de ser melhor, oferecemos esta obra. Que ela lhe seja muito útil.

Apresentação

A negociação está presente em nossas vidas desde as nossas interações sociais da infância. Entretanto, boa parte das pessoas não se dá conta disso ou não se importa com esse fato e, consequentemente, deixa de aprimorar uma habilidade natural que recebeu.

O leitor atento poderia dizer que todo o restante do reino animal também age assim. Verdade. A diferença é somente uma: o ser humano pode aperfeiçoar esse talento natural; os outros animais, não.

Portanto, apresentamos a você neste livro a oportunidade de aproveitar a capacidade inata que o homem tem de ver, aprender, evoluir e, assim, tornar-se um melhor negociador. Esta obra se destina, então, a todas as pessoas que, em razão de suas funções, nos mais diferentes campos da atividade humana, querem realizar negociações bem-sucedidas, em especial na área de negócios internacionais.

Buscamos ainda apresentar aspectos gerais relacionados à negociação, bem como características específicas da atividade, relacionadas aos negócios internacionais, um campo bastante peculiar, por conta de suas especificidades referentes à negociação que comumente tem lugar no nosso dia a dia.

Nas próximas páginas, você encontrará conceitos, ferramentas e exemplos da vida real que vão ajudá-lo a construir uma sólida capacidade de negociar com resultados efetivos. Além disso, examinaremos características próprias das operações comerciais com o exterior e os requisitos e desafios a elas inerentes.

Utilizamos uma abordagem leve, com vários exemplos práticos, fundamentados em suporte técnico, e apresentamos diversas ferramentas e roteiros valiosos para assegurar o alcance da negociação efetiva, com resultados satisfatórios para todos os envolvidos.

Assim apresentamos no Capítulo 1 os conceitos fundamentais da negociação, para que você possa compreender de maneira clara as principais variáveis envolvidas nesse processo. No Capítulo 2, abordamos os antecedentes necessários para chegar a uma negociação bem-sucedida, demonstrando a importância de uma boa preparação antes de se dar início à discussão das questões em jogo. No Capítulo 3, tratamos do perfil que um bom negociador deve apresentar, lembrando sempre que as características de um bom profissional dessa área vão sendo lapidadas ao longo do tempo, por meio da experiência e do treinamento. No Capítulo 4, destacamos o contexto internacional e a influência sobre a competitividade negocial que decorre de incentivos institucionais em diferentes países. Finalmente, trazemos no Capítulo 5 o arremate para uma negociação efetiva, discorrendo sobre as etapas mais importantes que conduzirão uma negociação ao sucesso.

Boa leitura e bons negócios!

Como aproveitar ao máximo este livro

Este livro traz alguns **recursos** que visam **enriquecer** o seu **aprendizado**, facilitar a compreensão dos conteúdos e **tornar a leitura mais dinâmica**. São ferramentas projetadas de acordo com a natureza dos temas que vamos examinar. Veja a seguir como esses recursos se encontram distribuídos na obra.

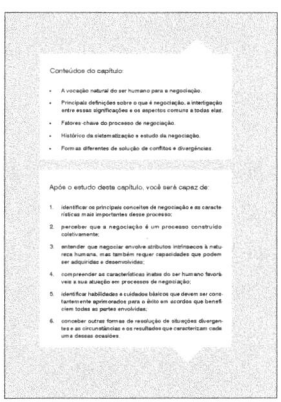

Conteúdos do capítulo
Logo na abertura do capítulo, você fica conhecendo os conteúdos que serão nele abordados.

Após o estudo deste capítulo, você será capaz de:
Você também é informado a respeito das competências que irá desenvolver e dos conhecimentos que irá adquirir com o estudo do capítulo.

Síntese

Você dispõe, ao final do capítulo, de uma síntese que traz os principais conceitos nele abordados.

Perguntas e respostas

Nesta seção, o autor responde a dúvidas frequentes relacionadas aos conteúdos do capítulo.

Questões para revisão
Com estas atividades, você tem a possibilidade de rever os principais conceitos analisados. Ao final do livro, o autor disponibiliza as respostas às questões, a fim de que você possa verificar como está sua aprendizagem.

Estudo de caso
Esta seção traz ao seu conhecimento situações que vão aproximar os conteúdos estudados de sua prática profissional.

Conceitos fundamentais em negociação

Conteúdos do capítulo:

- A vocação natural do ser humano para a negociação.
- Principais definições sobre o que é negociação, a interligação entre essas significações e os aspectos comuns a todas elas.
- Fatores-chave do processo de negociação.
- Histórico da sistematização e estudo da negociação.
- Formas diferentes de solução de conflitos e divergências.

Após o estudo deste capítulo, você será capaz de:

1. identificar os principais conceitos de negociação e as características mais importantes desse processo;
2. perceber que a negociação é um processo construído coletivamente;
3. entender que negociar envolve atributos intrínsecos à natureza humana, mas também requer capacidades que podem ser adquiridas e desenvolvidas;
4. compreender as características inatas do ser humano favoráveis a sua atuação em processos de negociação;
5. identificar habilidades e cuidados básicos que devem ser constantemente aprimorados para o êxito em acordos que beneficiem todas as partes envolvidas;
6. conceber outras formas de resolução de situações divergentes e as circunstâncias e os resultados que caracterizam cada uma dessas ocasiões.

1.1 Como tudo começou...

O ser humano contemporâneo é resultado de um longo processo evolutivo. No decorrer de seu desenvolvimento, uma habilidade própria se consolidou com singular peculiaridade: sua capacidade de negociação. Ao mesmo tempo consequência e necessidade, a habilidade humana para negociar foi condição básica para a formação das primeiras tribos e outras formações comunitárias.

Atualmente, a organização social, política e, principalmente, econômica que o homem construiu transformou essa característica inata do ser humano em um requisito indispensável não somente a sua sobrevivência, mas também para a conquista de patamares mais elevados de bem-estar.

O ato de negociar está presente na própria raiz da criação do ser humano: a disposição para dividir espaços e recursos está permanentemente presente na convivência com seus pais, filhos, cônjuges, amigos e também com pessoas desconhecidas. Essas situações são muito comuns no nosso cotidiano e ocorrem, por exemplo, quando vamos à piscina do condomínio, quando decidimos praticar algum esporte na quadra de uso comum do prédio em que moramos ou quando vamos fazer um churrasco no parque, utilizando áreas e equipamentos de uso coletivo.

Entretanto, diferentemente de animais irracionais que também se socializam, o ser humano evoluiu para um modo distinto de compartilhamento, caracterizado por uma percepção única de valor para as coisas e situações e pela busca, através de um processo dialogado, de um acordo que satisfaça todas as partes relacionadas. Nesse sentido, poderíamos nomear o homem com o acréscimo de uma categoria às etapas de evolução da espécie humana: o *Homo negociatus*.

Figura 1.1 – A evolução humana

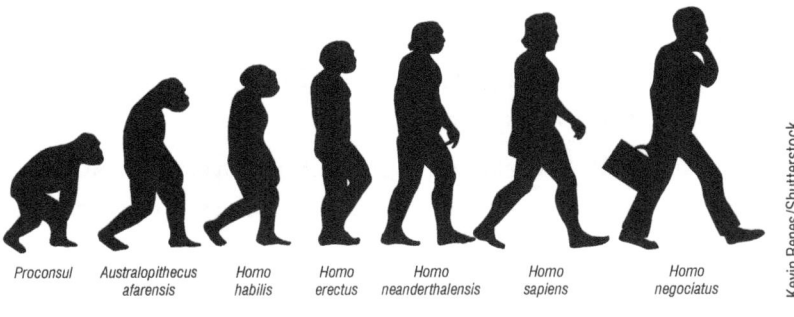

Essa forma de ser e agir, que torna o *Homo negociatus* uma categoria única, já se faz notar desde os primeiros momentos da vida infantil do ser humano. Uma criança com dois meses de idade já manifesta atitudes que vão além de simples ações instintivas ou biologicamente pré-determinadas. Efetivamente, já nessa etapa, as crianças começam a apresentar uma postura exploratória, interagindo com o meio em que se encontram, buscando não só compreender aquilo que os cerca, com o uso de toda a sua capacidade de ver, ouvir e cheirar, mas também, em uma atitude ativa, em que usam o sentido do tato e igualmente o do paladar, tocar, mexer e reorganizar as coisas a sua maneira.

O uso completo dos sentidos não se faz somente com o propósito de conhecer, mas também de obter. Para ter sucesso nesse objetivo, a criança utiliza habilidades adicionais, como sorrir ou chorar. Têm início aí as primeiras negociações na vida de um ser humano. Muito cedo, na sua vida, o homem se engaja em processos interativos subjetivos e complexos com o propósito de alcançar aquilo que percebeu com os sentidos e passou a desejar. Já na tenra idade, portanto, deixa de ser um sujeito passivo e não atua apenas por instinto, mas age de maneira firme e ativa, em decorrência de expectativas e desejos resultantes das primeiras experiências que começa a acumular, quando identifica e assimila as reações dos outros às suas próprias ações. É o processo natural de negociação sendo construído e aprimorado na mente da criança.

Quando uma mãe vê que é hora de seu filho dormir e lhe tira o brinquedo com que estava se divertindo, uma reação possível da criança é o choro. Diante dessa resposta, há a possibilidade de a mãe conceder mais 5 minutos para que o filho brinque. Ele, por sua vez, percebe que pode obter mais da outra parte e que o meio necessário para isso é o choro. É uma negociação bastante primitiva ainda, mas veja que isso ocorre com poucos meses de vida! E, apesar de primitiva, contém muito dos principais elementos e características de uma negociação: a exploração da capacidade e disposição da outra parte para fazer acordo, bem como a utilização de ferramentas e moedas de troca no processo. A criança, ao ganhar o brinquedo de volta, para de chorar e ainda dá um largo sorriso à mamãe, que fica muito feliz. Quer melhor negociação que essa? Todos saem ganhando! E perceba que para isso sequer foram utilizadas palavras.

Esses são apenas os primeiros passos. Mais tarde, à medida que desenvolve apego por certos objetos, normalmente com forte sentido afetivo, a criança começa a demonstrar atitudes de propriedade, indicando explicitamente que isto ou aquilo é seu. Nessa etapa, ela já consegue avaliar e comparar o valor relativo dos objetos, ainda que com forte componente emocional, relacionado a conforto e segurança, ao mesmo tempo que avança para uma fase de compartilhamento, influenciada pela educação parental e pelo início da convivência em ambientes partilhados, como a escola e os encontros com adultos ou outras crianças em casa e fora dela. A criança vai sendo, então, gradativamente introduzida no mundo adulto da divisão, da troca, da negociação.

Interessante notarmos que, além da capacidade de observar, avaliar, comparar e desejar coisas que vão além das suas necessidades de sobrevivência, outra característica fortemente presente e antiga na raça humana, é o hábito de dar presentes e oferecer reciprocidade de tratamento. Algumas pessoas desavisadamente poderiam pensar que esse é um hábito social que se desenvolveu apenas nos estágios mais avançados da nossa civilização. Na verdade, porém, trata-se de um costume observado desde muito cedo, nas mais antigas formas de organização social do ser humano. Em alguns povos antigos do Leste Europeu, por exemplo, havia o costume de presentear as pessoas com ovos, ato atrelado a diversos significados. Na Ucrânia, as pessoas trocavam os ovos como celebração do início da primavera. Em outro exemplo, uma das histórias mais conhecidas da humanidade, os reis do Oriente que vieram conhecer Jesus trouxeram como presentes ouro, incenso e mirra.

Na verdade, são atitudes que estão na própria essência da natureza humana, aprimoradas ao longo da evolução da espécie, e contribuem para reforçar os laços afetivos e de relacionamento social entre as pessoas, gerando condições favoráveis para que o ser humano possa exercitar com mais profundidade e alcance a prática da negociação.

Entretanto, essas características não são uma garantia de que o homem, de forma generalizada, é uma espécie melhor do que as outras, de comportamento mais gentil e agradável. Da mesma forma, não são uma garantia de que o ser humano resolverá sempre suas disputas e interesses através da negociação justa e equilibrada, baseada no diálogo e com o propósito de atender da maneira mais satisfatória possível a todas as partes envolvidas.

Vale lembrarmos uma fábula narrada por Malba Tahan (1997), em seu livro *O homem que calculava*, que aborda a maneira de dividir três caças – uma ovelha, um porco e um coelho – entre um leão, um tigre e um chacal. O objetivo original da história é tratar da matemática, mas tomamos aqui a liberdade de analisar sob outro ângulo essa narrativa, enfocando o processo de "negociação" que se deu entre os três animais caçadores. À primeira vista, você provavelmente pensará que a partilha da comida é fácil nesse caso, afinal, são três animais caçados para serem divididos entre três predadores. Um para cada um, todos comem, e todos ficam satisfeitos. Nada mais simples, não é mesmo? Para vermos o que realmente ocorre, vamos à fábula:

Logo de início, o rei dos animais abre as conversações para efetuar a divisão daquele saboroso manjar. Agita a sua cabeça enorme, fazendo a longa e grossa juba dourada esvoaçar ao sabor do vento suave que soprava naquela planície africana, ao mesmo tempo em que emite um rugido ensurdecedor. A seguir, volta-se para o tigre e, em tom gentil e amistoso, oferece a ele o privilégio de decidir sobre como seria repartida a comida: "Meu sábio e admirável amigo tigre, vês aí uma ovelha, um porco e um coelho. Tu és inteligente e perspicaz, saberás com certeza dividir da melhor forma, com justiça e equidade fraternal, esses três animais entre nós".

O tigre, inebriado por tantos elogios, mas não sem antes declamar em prosa e verso a sua falsa modéstia, responde: "Essa divisão é muito simples, meu amado e idolatrado rei. A ovelha, que é o maior e mais saboroso dos três petiscos, cabe-vos de pleno direito e será destinada para vossa única e exclusiva degustação. O porquinho, pequeno e sujo, que não vale sequer uma perna da ovelha, ficará para mim, e o coelho tocará ao nosso companheiro chacal".

"Estúpido!" – bradou o leão. "Quem te ensinou a fazer uma divisão de três por três dessa maneira???". E com um só golpe de sua poderosa pata, acertou a cabeça do tigre, atirando-o longe, morto. Volta-se, então, para o chacal e lhe fala, amavelmente: "Meu distinto amigo chacal, sempre tive no mais elevado conceito a tua engenhosidade matemática. És um animal muito hábil na solução de problemas, principalmente em questões fraternais, como esta que ora se nos apresenta, de dividir a comida. Te peço, pois, que faças a divisão dos três animais entre nós dois".

> O chacal teceu rapidamente algumas considerações sobre a grandeza e majestade do leão e sobre a insignificância dele próprio, o chacal, para então proclamar solenemente: "Meu adorado rei, expressão máxima de grandeza na selva inteira, como não poderia deixar jamais de ser, uma carne tão saborosa como a da ovelha lhe cabe inteiramente. Já o porquinho ocorre ser uma iguaria diferenciada para o paladar, fonte de energia e vitalidade, a ser igualmente apreciado no seu todo por Vossa Majestade. E, finalmente, o pequeno coelho, tenro e apetitoso, será pelo meu amado rei integralmente degustado como deliciosa sobremesa". E assim foi feito.

Fonte: Tahan, 1997, p. 155-158.

Essa e outras histórias ilustram sobremaneira a questão clássica da "parte do leão", que enfoca a situação de repartir alguma coisa entre participantes desiguais. Com efeito, acredita-se que a fábula mais antiga sobre o assunto é da época aproximada a 500 a.C., atribuída a Esopo, escravo que viveu na Grécia e que se tornou famoso pelas histórias que contava, utilizando-se de animais personificados.

Em geral, as histórias do servo grego expressavam mensagens relacionadas à vida cotidiana, com especial abordagem sobre aspectos que retratavam esperteza, sagacidade, indolência e outras características humanas. De modo geral, contam, de forma alegórica, verdades que fazem parte do nosso dia a dia.

A fábula grega, representada em Esopo, foi introduzida posteriormente no mundo romano, onde foi cultivada por diversos autores, entre os quais Horácio, Cícero e Apuleio, conhecendo em Fedro (século II a.C.) o seu mais destacado cultor (Duarte, 2005). Assim, com o tempo, as histórias de Esopo foram sendo reproduzidas por outros contadores, com diferentes matizes e variações, adaptando-se a realidades e às culturas de outras partes do mundo: Entre as narrativas citadas, a fábula do leão acabou ganhando forte relevância, principalmente no mundo dos negócios, onde justamente pode ser aplicada na sua essência. Também deriva daí a expressão "cláusula leonina" – um item contratual extremamente favorável a uma das partes, e prejudicial à outra, imposto pelo lado mais forte na relação.

Duas lições muito importantes podem ser retiradas da história contada anteriormente:

1. Em uma negociação, é preciso compreender a linguagem corporal.

    Certamente o tigre não teve habilidade suficiente para isso e pagou com a própria vida. O chacal, por sua vez, percebeu rapidamente que a expressão verbal do leão não apresentava coerência com seu gestual. Em outras palavras, embora estivesse verbalizando uma oferta educada e gentil, pedindo por uma decisão justa e equilibrada, não havia qualquer sinceridade nas palavras do leão. Perceber essa incoerência e identificar a verdadeira mensagem que estava sendo transmitida permitiu ao chacal compreender perfeitamente era a posição do rei da selva, e o que estava sendo realmente "negociado".

2. Muitas vezes as situações dos negociadores são assimétricas.

    Havia uma clara assimetria de poder entre os negociadores, ou seja, a relação entre os personagens era absolutamente desbalanceada. É óbvio que, em uma situação desse tipo, a solução final se inclinará para o lado da parte mais forte. Qualquer benefício ou ganho que for obtido pela parte mais fraca ocorrerá unicamente por concessão do negociador mais poderoso, e a seu exclusivo critério e conveniência.

Exemplos sempre ajudam a ilustrar a teoria, facilitando e ampliando a compreensão de cada tema. Mais ainda quando são da vida real, como do caso a seguir, narrado por um profissional autônomo que buscava atender melhor seus clientes e ampliar o volume de seus negócios mediante a implantação, em seu escritório, da facilidade de pagamento por meio de cartões de crédito e débito.

> Toca o telefone no *call center*[1] de uma gigantesca empresa do ramo de soluções de pagamento.
>
> – Atendente: Bom dia, muito obrigado pela sua ligação. Em que posso ajudá-lo?
>
> – Potencial cliente: Olá! Eu sou profissional liberal e muitas vezes meus clientes pedem para fazer o pagamento com cartão de crédito. Soube que a empresa de vocês disponibiliza a máquina leitora de cartões, em regime de comodato, mediante o pagamento de uma mensalidade, além da taxa percentual cobrada por cada operação, é claro.
>
> – Atendente: Correto, senhor. Primeiramente, é necessário que o senhor envie alguns documentos, para que possamos efetuar seu cadastro e analisar seus dados. Após aprovação, o senhor receberá um *e-mail* com nossas instruções para os procedimentos adicionais. A máquina será entregue em seu escritório, no decorrer da semana seguinte, em horário comercial.

---

1 *Call center*: palavra original do inglês, incorporada ao vocabulário da língua portuguesa para designar os centros de atendimento ao cliente por telefone, em geral presentes em grandes empresas.

> – Potencial cliente: Ah, perfeito! Já tenho os documentos em mãos e posso enviá-los em seguida. Entretanto, eu teria problemas com a entrega da máquina, pois não posso ficar à disposição durante uma semana inteira, em horário comercial. Como não tenho secretária, o ideal para mim seria marcar um horário para entrega da máquina.
>
> – Atendente: Infelizmente, não é possível, senhor. O setor de atendimento externo funciona de segunda a sexta-feira, em horário comercial, e não é possível marcar horário para o técnico comparecer ao seu local.
>
> – Potencial cliente: Desculpe, senhorita, mas não é uma questão de ser possível ou não. Possível é. O problema é que sua empresa não quer atender assim.
>
> – Atendente: Sinto muito, senhor. São regras da empresa. O senhor deseja mais alguma coisa?
>
> – Potencial cliente: De momento não. Muito obrigado!
>
> – Atendente: A empresa agradece a sua ligação e lhe deseja um bom dia.

Você já deve ter percebido o lado mais forte no processo (ou, melhor dizendo, "tentativa de um processo") negocial que foi narrado. A empresa deseja índice de produtividade elevado para o seu setor de atendimento externo e, para isso, não quer que ocorram intervalos ociosos entre uma visita e outra. Entretanto, isso aconteceria inevitavelmente se as visitas fossem com horário marcado, pois provavelmente alguns horários não seriam preenchidos por falta de demanda, ou porque alguns clientes poderiam desistir, ocasionando, em ambos os casos, brechas no processo de atendimento, reduzindo a quantidade de visitas e provocando resultados menos produtivos. Dessa forma, a empresa decide que não será permitido ao cliente marcar horário para receber a máquina de cartão de crédito. Como, de um lado, o cliente tem poucas opções de oferta, já que o segmento de negócio é oligopolizado, e, de outro, a empresa tem forte demanda para o seu produto, pois há uma quantidade crescente de profissionais interessados na máquina a fim de ampliar suas possibilidades de negócio, a relação de poder entre as partes é totalmente assimétrica. Portanto, se o cliente quiser o produto, tem de aceitar as condições impostas pela empresa.

A frustração da negociação descrita anteriormente não apresentará ao cliente uma consequência tão grave, como foi para o tigre na fábula, mas é uma narrativa real e demonstra claramente que a natureza de *Homo negociatus*, característica intrinsecamente natural ao ser humano, muitas vezes é sobrepujada por outros atributos, também presentes na natureza humana, e que encaminham de outra forma o processo de solução de interesses ou posições diferentes.

Assim, é necessário estabelecermos de maneira clara e concreta o conceito de *negociação*, para que possamos também analisar e compreender as outras formas de solução de diferenças:

> Negociação é um processo de comunicação bilateral, com o objetivo de se chegar a uma decisão conjunta.
> (Fischer; Ury; Patton, 2005, p. 50)

> Negociação é o processo de alcançar objetivos por meio de um acordo nas situações em que existam interesses comuns, complementares e opostos, isto é, conflitos, divergências e antagonismos de interesse, ideias e posições. (Wanderley, 1998, p. 21)

Negociação é o processo pelo qual duas ou mais partes tentam resolver interesses opostos. (Lewicki; Saunders; Barry, 2014, p. 7)

Negociação é o processo de comunicação de mão dupla cujo objetivo é chegar a um acordo mútuo sobre necessidades e opiniões divergentes. (Acuff, 1998, p. 28)

Observe que, existem alguns aspectos comuns nos vários e diferentes conceitos enunciados pelos citados estudiosos do assunto. Vamos a eles.

1.2 A negociação como um processo

A negociação é um processo, isto é, trata-se de um conjunto de ações conduzidas com o propósito de que, ao final, um resultado seja alcançado. Devemos, portanto, compreender essa atividade como uma sequência ampla de movimentos e iniciativas. Vale observarmos, então, uma questão muito importante: qual é e quando ocorre a primeira ação em um processo de negociação?

Com efeito, é muito difícil identificarmos precisamente qual é o primeiro movimento que ocorre em uma negociação, mas certamente podemos afirmar que ele acontece bem antes do momento no qual os participantes se encontram pessoalmente.

No caso da negociação empresarial, podemos indicar que o primeiro ato ocorre em um momento anterior a todo e qualquer contato entre os negociadores, seja por telefone, *e-mail* ou carta. O início do processo negocial, como veremos mais adiante, no Capítulo 2, dá-se no momento da formulação da estratégia corporativa, na qual deverá estar plasmada a visão empresarial com foco sistêmico e integrado no cliente e no produto. Portanto, a negociação não ocorre apenas no instante em que vendedor e comprador se encontram *face to face*, mas tem início muito tempo antes, quando são assentadas as bases estratégicas e filosóficas de funcionamento da empresa para a consecução de seus negócios.

É claro que cada negociação é um processo único, formado pelas especificidades do contexto onde se desenvolve e das pessoas que o conduzem e lhe dão características singulares. É importante que você tenha em mente que não se pode generalizar ou padronizar um processo de negociação. O que pretendemos aqui é demonstrar aspectos básicos e similares que podem ser observados na maioria das diferentes situações nas quais uma negociação acontece, e cuja análise e entendimento facilitem a compreensão do processo como um todo, aumentando suas chances de obter o melhor resultado possível, em termos coletivos.

Nessa ordem de ideias, podemos aplicar o mesmo pensamento a negociações que ocorrem em outros contextos, como a vida familiar ou social, por exemplo. Dificilmente o instante inicial da negociação ocorrerá no mesmo e exato momento em que as partes se encontram para conversar sobre algum tema em comum e resolvê-lo. Se acontecer dessa maneira, muito provavelmente a negociação fracassará. Entendemos aqui o fracasso de uma negociação como a falta de resultados positivos para, no mínimo, um dos lados envolvidos.

É necessário, pois, o planejamento de todo o processo. Elencar os principais argumentos próprios e possíveis necessidades e interesses da outra parte e como direcioná-los e atendê-los, consideradas as próprias restrições, é uma iniciativa extremamente eficaz se tomada com antecedência e preparada com o devido cuidado.

O estudo e a sistematização da negociação como processo que envolve ações e procedimentos humanos é relativamente recente. Por volta da metade do século XX, o tema começou a despertar o interesse acadêmico, tornando-se objeto de análise e pesquisa em grandes centros universitários, principalmente nos Estados Unidos.

Com efeito, as obras mais conhecidas sobre negociação são estadunidenses. Um marco na produção literária é o livro de Howard Raiffa (1982), intitulado *The Art and Science of Negotiation*, no qual o autor analisa o processo de negociação sob a luz da estatística, da economia e da psicologia. Dessa maneira, o estudioso deu o pontapé inicial para a estruturação de um conjunto de técnicas e estratégias de negociação que passou a ser conhecido como o *modelo* ou *método de Harvard*.

Raiffa (1982) identificou genericamente dois grandes grupos em que um processo negocial poderia se enquadrar: **distributivo**, no qual o foco da disputa está relacionado a um único elemento, por exemplo o valor de um objeto a ser transacionado entre as partes; e **integrativo**, em que a negociação envolve um conjunto maior e mais complexo de fatores a serem acordados entre as partes. Nas negociações do primeiro grupo, alguém sempre terá de ceder para que se chegue a um acordo; é por natureza uma disputa, em que haverá ganhadores e perdedores. No segundo grupo, como há diversos elementos em jogo, com diferentes interesses sobre cada um deles, o resultado do processo pode vir a ser benéfico para todas as partes envolvidas.

Esse tipo de negociação pode se dar em ambiente competitivo, hipótese em que é semelhante ao que ocorre ao primeiro grupo, ou em ambiente colaborativo, caso em que há um ganho coletivo.

> O clássico exemplo das duas irmãs que desejavam a única laranja que havia em sua casa ilustra muito bem as duas categorias de negociação. À primeira vista, as irmãs desejam a mesma coisa e o que está em disputa é a posse definitiva da fruta. Seria um típico caso de negociação distributiva, em que o resultado final, ainda que justo, seria a simples distribuição da laranja, dividida ao meio, cabendo uma metade a cada irmã.

Vale notarmos que houve um saldo absolutamente equitativo para as partes envolvidas. Em tal modelo de negociação, esse é o melhor resultado possível, considerando todos os participantes. O desfecho, contudo, poderia ser eventualmente pior para alguma das partes, se, por qualquer motivo de barganha, a laranja fosse dividida em partes desiguais, ficando uma das irmãs com um benefício maior que o da outra. Portanto, vale observarmos que, nesse tipo de negociação, o mais comum é haver intensa competição, pois há um único objetivo em disputa e o foco de todos os intervenientes será na obtenção da melhor distribuição possível desse objetivo para si próprio. Esse tipo de processo é conhecido como *de soma zero*, pois o que se acrescenta para um lado se diminui do outro. Logo, a soma dos resultados individuais (pedaços de laranja, no caso) sempre será igual ao todo (uma laranja inteira).

Ainda na história das irmãs e da partilha da laranja, descobrimos que, quando nos aprofundamos um pouco na análise dos interesses de ambas as partes na laranja, percebemos que uma irmã deseja a laranja para tomar seu suco, e a outra irmã precisa da casca para usar como ingrediente de um bolo que deseja fazer em casa. Nesse caso, a negociação se enquadra como *integrativa*, em que todos acabam ganhando mais. Em termos matemáticos, poderíamos dizer que o todo (resultado final da negociação para todos os envolvidos) é maior que a soma das partes ou, de outra forma, que o que se acrescentou para um lado (mais suco) não diminuiu o que o outro lado conseguiu (mais casca).

Na vida real, cabe ao bom negociador, portanto, buscar elementos novos que possam ter significado relevante para a outra parte e, com isso, desenhar um novo acordo, em que maior quantidade de necessidades e interesses sejam satisfeitos em relação à posição inicial em disputa.

> Tomemos um exemplo da vida real, em que um vendedor de automóveis novos está em um impasse com o cliente sentado a sua frente: ele deseja ardentemente um carro novo, mas não abre mão de pagar apenas determinado preço pelo veículo que já escolheu. A diferença é de R$ 1.500, mas nem o vendedor, nem o seu gerente têm mais margem para reduzir o preço. O cliente já decidiu que quer o modelo XYZ, com motor de potência de 120 hp, câmbio automático, banco de couro e sistema de som e vídeo completo, que ele viu no saguão. Sobre o último preço obtido, ele ainda quer um desconto de R$ 1.500; entretanto, o vendedor não tem como alterar o preço do produto.
>
> O que fazer? Ocorre que o modelo que o cliente deseja é de cor azul perolizado. Buscando alternativas, o vendedor pergunta ao cliente se aquela é a única cor que lhe interessa,

> pois ele tem um modelo exatamente igual, mas na cor preto. O cliente responde que gosta de ambas as opções. Ocorre que a pintura em preto é sólida e custa um valor mais baixo que o da pintura perolizada. O vendedor então consegue reduzir no preço o valor solicitado pelo cliente e o negócio é fechado!

Veja que exemplo bem ilustrativo de uma negociação integrativa, extraído do cotidiano e em que, efetivamente, todas as partes conseguiram atender a seus interesses satisfatoriamente

Esse exemplo nos remete a outra característica essencial do processo de negociação: a **comunicação**, que veremos a seguir.

1.3 A importância da comunicação no processo de negociação

A comunicação está na raiz da evolução do ser humano e foi ela que viabilizou o desenvolvimento da espécie, possibilitando que os indivíduos discutissem suas ideias, expressassem sua visão de mundo, compartilhassem seus desejos e, assim, construíssem uma sociedade organizada na medida do possível e em permanente transformação.

Em sua caracterização mais básica, a comunicação tem como propósito a transmissão de uma mensagem. Dessa forma, a intenção do polo emissor pode ser simplesmente informar algo a alguém ou, mais do que isso, influenciar o receptor com o conteúdo que está sendo transmitido, buscando provocar nele algum tipo de mudança de pensamento e de comportamento. Nesse sentido, o emissor espera que o receptor responda em atendimento aos seus propósitos. Busca, portanto, provocar nele uma reação que atenda a seus interesses e objetivos previamente estabelecidos.

Nessa ordem de ideias, existem vários instrumentos para comunicar, sendo o mais simples a fala, seja ela pessoal, seja a distância. É a forma menos elaborada e mais espontânea de comunicação e, por isso mesmo, muitas vezes provoca erros de entendimento e reações inesperadas quando a intenção do emissor é mal interpretada pelo receptor.

Já a comunicação escrita pressupõe elaboração mais cuidadosa (embora hoje em dia as pessoas enviem *e-mails* sem pensar muito sobre o que estão escrevendo), exigindo que o emissor tome mais tempo para sua preparação e revise, ao final, os termos utilizados, verificando se há coerência na estrutura textual e se a ideia original foi adequadamente delineada.

Existem também formas mais laboriosas e complexas de comunicar, que se valem de múltiplos meios e instrumentos. Como exemplo, podemos citar uma peça audiovisual institucional de uma empresa, que busca influenciar o receptor atuando simultaneamente em diferentes níveis sensoriais. Esse tipo de comunicação tem forte cunho persuasivo e busca convencer, vender uma ideia. Pretende, enfim, obter a maior adesão possível aos interesses e às posições defendidas pelo emissor.

Para transmitir mensagens por meio da fala ou da escrita, o ser humano necessita se valer de um conjunto comum de palavras, que, em cooperação com outros signos, formam códigos próprios das diferentes sociedades e culturas em que a espécie humana se ramificou. A compreensão das peculiaridades da linguagem de outro país, ainda que se fale o mesmo idioma, é fundamental para o êxito de um processo de negociação além das fronteiras. Voltaremos a esse tópico mais adiante.

> **A título de curiosidade**
>
> Os sumérios, um dos povos mais antigos da humanidade, foram os primeiros a produzir uma linguagem escrita organizada, os pictogramas, por volta de 3300 a.C. Ao longo do tempo, algumas civilizações criaram também signos que representavam ideias, originando um tipo de linguagem chamada *ideográfica*. Mais tarde, o ser humano percebeu, finalmente, que o som das palavras era constituído por unidades menores, os fonemas, e concebeu uma representação gráfica para essas unidades, as letras. Criou-se, assim, o primeiro alfabeto, por volta de 2000 a.C.

Há, ainda, outro tipo de linguagem, mais sutil, menos explícita, veiculada muitas vezes de forma inconsciente, imperceptível até pelo próprio emissor. É a linguagem não verbal, que, se transmitida pelos gestos, pelos olhares, pela maneira de sentar, pela forma de respirar, enfim, por todas as manifestações externas que o corpo pode produzir, além da fala e da escrita, e que se revela, em geral, independentemente da vontade consciente do comunicador.

A linguagem corporal, basicamente, pode ser agrupada em três categorias diferentes, de acordo com o tipo de expressão corporal: **facial**, **gesticular** e de **postura**. Esta última inclui não só a forma de se posicionar o corpo, mas também a entonação da voz, o estilo do cabelo, a roupa utilizada etc.

Podemos dizer que o uso da linguagem não verbal está presente em todo processo comunicativo e ocorre, na maioria das vezes, de maneira involuntária, alheia à vontade das partes intervenientes. Mais importante ainda é o fato de que a linguagem corporal tem mais significado que as expressões verbais utilizadas pelo emissor, porque são, em geral, espontâneas, naturais, desprovidas de qualquer dissimulação ou estruturação argumentativa intencionalmente criada pelo interlocutor.

Além disso, é relevante observarmos que, em sua forma mais completa, a comunicação é bidirecional. Não há um polo somente emissor e outro exclusivamente receptor. Ambos são simultaneamente emissores e receptores, atuando como sujeitos ativos do processo, estabelecendo um diálogo em que ocorrem influências recíprocas, na busca por entendimento e compartilhamento.

Pelo exposto, vale ressaltarmos que um profissional de negócios tem de desenvolver suas habilidades de comunicação. Embora o ser humano já tenha, em sua essência, as características próprias que lhe permitem estabelecer processos ativos de conversação e, mais ainda, detenha o desejo natural, reforçado durante sua infância, de compartilhamento e troca, é fundamental que ele desenvolva e aperfeiçoe sua capacidade de interlocução, aumentando assim as probabilidades de sucesso em um evento que envolva negociação.

Para efetivamente comunicar-se bem, estabelecendo um processo interativo, é extremamente importante que o negociador esteja atento às mensagens emitidas pela outra parte. Saber ouvir e prestar atenção à linguagem não verbal do interlocutor é fator-chave para avançar no processo de negociação, pois, dessa maneira, o profissional responsável consegue perceber com mais clareza os interesses e as necessidades da outra parte, identificando pontos em comum que podem ser objeto de acordo, exatamente como no exemplo das irmãs e da laranja, visto anteriormente.

Por outro lado, também merece muita atenção a elaboração da mensagem. O indivíduo que pretende efetivar uma transação comercial, ou qualquer outro tipo de acordo, deve expressar sua proposta de maneira totalmente compreensível, incluídos todos os aspectos envolvidos, principais e acessórios, evitando termos ambíguos ou de uso regional e elaborando frases mais curtas e objetivas, a fim de diminuir ruídos e erros de interpretação que atrasam e podem até impedir a conciliação de posições entre as partes.

Tal recomendação torna-se ainda mais relevante quando estamos tratando de uma operação internacional, em que há uma grande probabilidade de as partes terem culturas, idiomas e formas de pensar distintas. Nesse sentido, quando estamos utilizando um idioma estrangeiro para nos expressarmos, todo cuidado é pouco, principalmente na comunicação falada, em que não há tempo disponível para revisar os termos empregados antes de utilizá-los. Além do risco de uso inadequado de vocábulos que podem ter sentido diverso daquele que imaginamos, a pronúncia incorreta de certas palavras também pode, senão fazer perder um negócio, provocar no mínimo uma situação constrangedora. Em inglês, por exemplo, a dicção precisa de verbetes como *sheet*, *peace*, *fork*, *beach*, e outros, é condição essencial para uma boa comunicação.

Finalmente, vale mencionarmos que, no mundo dos negócios, é primordial a boa apresentação pessoal. Nesse sentido, é importante não somente se adequar aos códigos de vestuário próprios de cada contexto, como também expressar-se de forma oral e escrita de modo claro, profissional e assertivo. Lembre-se de que tudo sempre tem de ser feito considerando o ambiente onde se desenvolve a negociação e o estilo das pessoas envolvidas. Apresentar-se bem não significa vestir as roupas mais caras nem usar expressões e termos técnicos sofisticados. Você não vai a um encontro de negócios com um produtor rural em sua fazenda vestindo um terno Armani e uma gravata Ermenegildo Zegna, por exemplo. Assim como você não deve utilizar expressões como "advertência de lente convexa" ou "a árvore de balanceamento do veículo gira no sentido contrário ao virabrequim em velocidade duas vezes superior" se estiver tratando de vender um automóvel novo a uma pessoa de 60 anos que não tem qualquer conhecimento de automobilística. Por outro lado, se você estiver vendendo um *smartphone* para um adolescente, será perfeitamente adequado usar gírias e fraseologias informais.

Figura 1.2 – Importância da linguagem adequada ao receptor da mensagem

> Então, creio que este automóvel é o melhor para o senhor, pois apresenta câmara de combustão hemisférica, usa cárter seco, além de ter o maior coeficiente aerodinâmico da categoria.

?

artenot Shutterstock

Por outro lado, no conjunto de definições apresentado anteriormente, observamos outro aspecto em comum: o processo de negociação pressupõe necessariamente uma decisão conjunta. É esse assunto que será desenvolvido a seguir.

1.4 A negociação: uma construção coletiva

O aspecto coletivo dá ao processo de negociação uma feição singular de compartilhamento de interesses e necessidades, que pressupõe os melhores esforços aplicados pelas partes envolvidas para alcançar uma solução de forma coletiva.

Naturalmente, essa forma colaborativa de atuar pressupõe indispensavelmente que haja uma boa e fluida comunicação entre todas as partes, em que cada um compreende bem os objetivos que os outros pretendem atingir e as necessidades que precisam ser atendidas para que ocorra um acordo.

Obviamente, devemos considerar que as posições das partes na maioria das vezes são divergentes e, até mesmo, conflitantes. A busca de uma decisão conjunta nada mais é, portanto, do que um esforço para identificar as zonas de complementaridade, isto é, se definirmos, de maneira figurativa, as posições em discussão como uma superfície plana, uma espécie de mapa, em que cada parte envolvida no processo é "dona de um território", onde estão demarcados os seus interesses, o objetivo final de uma negociação é encontrar nesse mapa as áreas comuns, que se superpõem e que representam posições complementares e conciliáveis.

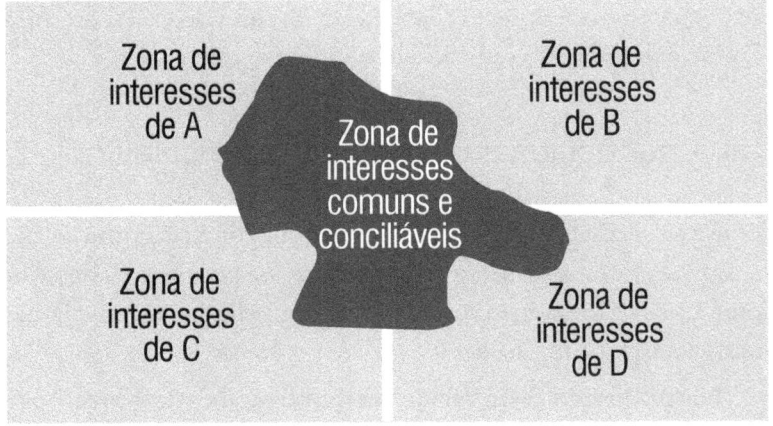

Figura 1.3 – A fronteira da negociação: a zona de interesses comuns e conciliáveis

Zona de interesses de A	Zona de interesses de B
Zona de interesses de C	Zona de interesses de D

(Zona de interesses comuns e conciliáveis)

A Figura 1.3 procura ilustrar o significado da expressão *decisão conjunta*. Trata-se de um esforço interativo pelo qual cada participante busca encontrar as interfaces existentes entre sua posição e as posições dos outros intervenientes. Em geral, um processo de negociação ocorre com a participação de apenas dois lados, embora cada um deles possa estar representado por uma grande quantidade de pessoas. Circunstâncias em que há mais de duas partes interessadas são mais raras, e podem acontecer, por exemplo, no caso de negociações internacionais, nas quais às vezes ocorre de várias nações terem interesses diversos e conflitantes sobre um mesmo tema, como seria o caso das discussões levadas a efeito no âmbito da Organização Mundial do Comércio (OMC) sobre subsídios agrícolas e proteção comercial.

Ocorrendo de maneira bilateral ou multilateral, o processo de negociação é necessariamente construído sobre o diálogo, a sinceridade de propósitos e, principalmente, a empatia, que é a capacidade de identificar e compreender as necessidades das outras partes, como se estivesse no lugar delas.

Decisão conjunta, portanto, significa "acordo", isto é, concórdia, entendimento entre duas ou mais pessoas, que, de forma livre e espontânea, combinam algo que se supõe sensato e adequado para todos os envolvidos. Esses significados nos levam ao último, e mais importante, aspecto em comum presente nas definições apresentadas: o resultado da negociação tem de ser equilibrado e atender aos interesses de todas as partes de forma equitativa.

Voltemos aos exemplos da fábula e da conversa relacionada à solicitação de aquisição da máquina de cartão de crédito, narrados anteriormente. Em ambos os casos, ficou muito claro que o resultado das conversações entre os diferentes participantes não foi equitativo. No caso da fábula, havia múltiplos interesses envolvidos e, no caso da máquina de cartões, extraído da vida real, ocorreu a participação de apenas dois intervenientes. Nas situações, entretanto, houve nítida assimetria de forças, em que a posição de uma das partes prevaleceu de forma completa sobre a outra.

No caso da fábula, ainda que houvesse um discurso em prol da participação de todos na decisão, em que o leão "permite" que os outros personagens opinem e expressem seus desejos, a prática foi diferente. Em outras palavras, embora as manifestações do leão procurassem expressar sentimentos nobres de companheirismo, solidariedade e compreensão mútua, sua verdadeira posição era completamente diferente de sua linguagem verbal. Não houve, portanto, sinceridade de propósitos e, embora tenha ocorrido um ensaio cínico e medíocre de diálogo, podemos afirmar categoricamente que a decisão não foi conjunta.

Na mesma linha de análise, se já houve vício de origem, isto é, se a construção da decisão não se deu de maneira coletiva e baseada em um diálogo livre e sincero, a solução final para a disputa muito provavelmente não será justa ou equilibrada. Com efeito, o que se viu foi uma decisão totalmente favorável à parte mais forte envolvida no processo.

No caso da vida real, embora de maneira menos alegórica, o que se viu foi também um processo em que uma das partes foi completamente "surda" às necessidades da outra. A empresa gestora de soluções de pagamento não tinha interesse em marcar horário para a visita de seu técnico ao estabelecimento do cliente para realizar a instalação da máquina leitora de cartões de crédito e débito, por absoluta indiferença às necessidades desse cliente, bem como por acreditar que a forma mais prática de realizar o seu trabalho consiste em sujeitar a outra parte a permanecer em regime de espera durante uma semana inteira, até que, em dia e hora aleatórios, o técnico efetivamente se apresente para realizar a instalação do produto desejado.

Apesar de não observarmos nesse exemplo um jogo de cena mal disfarçado como na fábula (pelo contrário, a atendente expressou de maneira tão sincera os propósitos da companhia que chegou muito próximo à indelicadeza), o processo foi igualmente conduzido de forma unilateral. Não houve qualquer mobilidade ou flexibilização de ideias ou posições por parte do interveniente mais forte. A diferença está em que, nesse caso, o resultado foi um fracasso total, pois não ocorreu negócio.

Na história de Esopo, pelo menos uma parte levou vantagem, aliás, toda a vantagem.

De qualquer modo, seja em um caso ou em outro, podemos afirmar decididamente que não houve uma negociação, porque algumas das características essenciais e inerentes a um processo negocial, que vimos anteriormente, não estavam presentes.

Então, reforçando, podemos afirmar que negociação é um processo de comunicação entre duas ou mais partes com interesses diferentes e complementares, caracterizado por um diálogo honesto e imparcial, com o propósito de alcançar mútuo entendimento sobre as diferentes necessidades das partes e produzir um acordo benéfico para todos. Esse acordo acontece somente quando os intervenientes identificam, compreendem e aceitam as necessidades, expectativas e desejos dos demais participantes, que devem estar dispostos a transigir, consentir e conceder, de modo que haja um ganho coletivo.

A título de curiosidade, a negociação:
- é um processo constituído de várias etapas, algumas antecedentes ao momento em si de negociar;
- é uma construção coletiva, por meio da comunicação eficaz e baseada na sinceridade de propósitos e na empatia, que conduz a uma decisão conjunta;
- deve produzir resultados positivos para todos os envolvidos.

1.5 Outras formas de resolver diferenças de posição

É relevante salientarmos que nem sempre uma situação de divergência, em que interesses diferentes (e, muitas vezes, opostos e conflitantes) estão em disputa, será resolvida por meio de um processo de negociação.

Muito embora, como já mencionamos, o ser humano, ao longo de seu processo evolutivo, tenha aperfeiçoado habilidades inatas que lhe permitiram construir e consolidar uma sociedade organizada, alicerçada no uso compartilhado de espaços, como o transporte público e a escola, no exercício de atividades coletivas, como o esporte e o trabalho, e baseada em princípios de respeito e ética para com todos seus semelhantes, muitas vezes ainda é incapaz de resolver suas diferenças por meio de um processo de negociação.

Assim, o *Homo negociatus*, em algumas situações, se desarticula, não consegue agir da forma mais evoluída da espécie e retoma práticas de seu passado primitivo para obter o que deseja, em detrimento de eventuais interesses e necessidades de outras pessoas que possam constituir obstáculo à conquista de seus objetivos.

Nesse sentido, para complementar nossa análise e proporcionar uma visão geral das diferentes formas utilizadas pelo ser humano para atingir objetivos próprios e solucionar divergências com seus semelhantes, torna-se importante destacarmos que a disputa entre ideias e posições diferentes pode ser resolvida ainda de duas outras maneiras:

1. pela coerção;
2. pela manipulação.

Ambos os processos, diferentemente da negociação, são construídos de forma unilateral, com benefícios desnivelados em favor de apenas uma das partes. Embora semelhantes nesses aspectos, são diametralmente opostos no que se refere às técnicas utilizadas.

1.5.1 Coerção

A coerção utiliza-se da força, da assimetria de poder existente em uma relação, valendo-se de ações de constrangimento e opressão para obrigar a outra parte a executar ou entregar o que lhe interessa. Nesse caso, a parte que detém o poder obtém o que deseja, mas sempre haverá do outro lado ressentimentos, sensação de perda, desejo de revanche, pensamentos negativos. A relação não é duradoura, nem no curto prazo; sustenta-se apenas enquanto houver uma situação de ascendência de uma parte sobre outra (relacionamento assimétrico).

A postura coercitiva pode assumir diferentes formas. Pode ser a mais simples e primitiva força bruta, como costuma acontecer nas disputas entre adolescentes na escola, como também pode se materializar através de algum tipo de chantagem por parte de quem detém uma informação privilegiada e sigilosa sobre outra pessoa ou empresa. Pode, ademais, estar configurada como poder econômico, como ocorre, por exemplo, em uma situação de embargo internacional, na qual uma nação, ou grupo de nações (como a União Europeia ou a Organização das Nações Unidas – ONU), com o objetivo de mover determinado país de eventual posição nociva aos interesses do restante da comunidade mundial, ou por motivos humanitários, decide impor-lhe restrições de cunho comercial e financeiro, restringindo seu acesso a operações com o exterior, enfraquecendo seu governo para forçá-lo a aceitar as condições propostas.

A coerção pode ainda consubstanciar-se em uma situação de assimetria de *status*, por exemplo, entre um chefe e seu subordinado. Nesse caso, o *status* está relacionado ao cargo que cada um ocupa. Ainda que não haja sensível diferença de poder econômico, há uma clara distinção de poder entre as partes, tanto que uma pode inclusive fazer a outra perder seu emprego e, consequentemente, provocar-lhe sérios prejuízos e inconvenientes.

A desigualdade de *status* entre os intervenientes pode assumir traços mais tênues, como entre um juiz e os advogados das partes litigantes em um processo judicial, ou ser absolutamente explícita, como ocorre quando a polícia de choque intervém para tentar manter a ordem em uma situação de vandalismo. Pode também acontecer de o *status* não ser vinculado à pessoa, mas à empresa ou instituição participante do processo. É o caso de uma operação comercial entre uma grande multinacional e um pequeno fornecedor local, por exemplo.

1.5.2 Manipulação

A manipulação, por sua vez, é uma forma muito mais sutil de atingir objetivos previamente definidos, aparar arestas e solucionar divergências. Trata-se de uma estratégia dissimulada, em que uma parte atua de maneira quase imperceptível, envolvendo de maneira sutil o outro lado, fazendo-lhe acreditar em ganhos importantes, em troca dos quais a parte que está manipulando cede apenas o que interessa.

Essa manobra acontece em diferentes ambientes da relação humana. Pode assumir matiz ideológico ou religioso, por exemplo, alcançando características de verdadeira doutrinação em alguns casos, ou pode ser de cunho sentimental, situação que se verifica com bastante frequência nas relações afetivas, principalmente em nível semiconsciente e inconsciente.

A parte que se vale desse tipo de estratégia age de forma sub-reptícia, ou seja, ardilosa, utilizando-se amiúde da dissimulação e da chantagem emocional e as intenções por trás de suas atitudes são muito difíceis de serem percebidas. O manipulador atua com astúcia, buscando convencer outrem de suas ideias e propósitos, sem, contudo, oferecer razões concretas e verossímeis para isso.

Nesse sentido, notamos que a manipulação com objetivos comerciais tem forte componente racional e utiliza de métodos persuasivos baseados em argumentos aparentemente lógicos, sensatos e coerentes entre si, mas carentes de comprovação científica ou técnica. São, por assim dizer, "conversa de vendedor". Com efeito, uma das características fundamentais que tornam o ser humano uma espécie única entre os seres vivos é sua capacidade de comunicar-se. E a cada dia essa capacidade vem sendo aprimorada, principalmente com o propósito de convencer. O problema maior está em que alguns indivíduos, no esforço de convencer outros de suas ideias, sucumbem à tentação de utilizar, em seu discurso, argumentos não comprovados ou até mesmo intencionalmente incorretos, imprecisos, distorcidos e, inclusive, falsos.

Breton (1999), ao analisar a manipulação cognitiva, identifica duas formas diferentes de atuar por parte de indivíduos manipuladores com especial habilidade no uso das palavras. Um desses modos ou técnicas empregados pelo manipulador seria a do **enquadramento**, em que ele se utiliza de informações conhecidas e aceitas pela outra parte, mas que foram reorganizadas e concatenadas de maneira tendenciosa, com o propósito de conduzir seu interlocutor a aceitar o ponto de vista previamente estabelecido pelo personagem manipulador. A outra forma é a do **amálgama**, em que novos dados, em geral tendenciosos, são acrescentados ao conjunto de informações já familiares e aprovadas pelo interlocutor com o objetivo de reforçar o convencimento da ideia originalmente defendida pelo manipulador.

Finalmente, cabe esclarecermos que esses dois modos de resolver diferenças de posição e atingir objetivos próprios, a coerção e a manipulação, ainda que sejam temas relevantes e objeto de estudos de diferentes áreas acadêmicas, como a sociologia, a psicologia e a antropologia, não serão tratados no âmbito deste livro, que se destina unicamente ao estudo sistematizado da **negociação**.

Síntese

Neste capítulo, apresentamos a vocação natural do ser humano para a negociação. Demonstrou como o indivíduo, desde sua mais tenra idade, vai construindo suas habilidades para negociar, mediante experiências de convivência com seus semelhantes, partilhas e trocas, aprimorando essa capacidade à medida que se torna adulto, desenvolvendo atitudes conscientes de reciprocidade de tratamento. Também utilizamos a linguagem alegórica, com a fábula do leão, de Esopo, para apresentar a você situações em que a relação entre negociadores é assimétrica. A partir de exemplos, elencamos os principais conceitos de negociação, para chegarmos à conclusão de que se trata de um processo constituído de várias etapas por meio de uma comunicação eficaz que conduz a uma decisão conjunta e produz resultados positivos para todos os envolvidos.

Pergunta e resposta

1. Em uma negociação, todas as partes devem ganhar de maneira igual?

    O que cada uma das partes envolvidas em uma negociação vê como ganho é bastante relativo e depende dos interesses em jogo. Não é possível medir numericamente quanto cada parte ganha em uma negociação, a não ser que haja apenas barganha em relação a preço. Um processo de negociação deve ser muito mais amplo do que uma simples barganha pelo preço de alguma coisa. A negociação é um processo de comunicação entre duas os mais partes com interesses diferentes e complementares, caracterizado por um diálogo honesto e imparcial, com o propósito de alcançar mútuo entendimento sobre suas diferentes necessidades e produzir um acordo benéfico para todos. Esse acordo acontece somente quando as partes identificam, compreendem e aceitam as necessidades, as expectativas e os desejos dos demais participantes, estando dispostos a transigir, consentir e conceder, de modo que haja ganho para todos os envolvidos, o qual não necessariamente será mensurável em valores monetários.

Questões para revisão

1. A frase a seguir que melhor expressa a ideia contida na expressão *Homo negociatus* é:
   a) O ser humano não se diferencia dos demais animais que também se socializam e desenvolvem atividades em grupo.
   b) O ser humano apresenta naturalmente o desejo de obter coisas, agindo de forma egoísta e possessiva.
   c) O homem evoluiu para um modo distinto de compartilhamento, em que apresenta uma percepção única de valor para as coisas e situações; na sua fase adulta, tem capacidade através de um processo dialogado, de alcançar acordos satisfatórios para as partes envolvidas.
   d) As características natas de *Homo negociatus* são uma garantia de que o homem é uma espécie melhor do que as outras, de comportamento mais gentil e agradável.

2. A sistematização e o estudo científico do processo de negociação são bastante recentes. Apenas por volta da metade do século XX, o assunto começou a despertar o interesse acadêmico, tornando-se objeto de análise e pesquisa em grandes centros universitários, principalmente dos Estados Unidos. Discorra sobre a classificação dos processos negociais em duas categorias, apresentando as principais características que são atribuídas às negociações do tipo distributivo e integrativo.

3. Qual das situações a seguir se enquadra como uma comunicação plena?
   a) Uma placa de trânsito na estrada, contendo informações sobre as distâncias até as próximas cidades.
   b) Um memorando interno em que a diretoria da empresa comunica novas disposições com relação à forma e ao horário de uso do refeitório disponibilizado para os empregados.
   c) Um programa de notícias transmitido pela TV, com duração de uma hora, informando sobre todos os acontecimentos do dia, na cidade, no país e no mundo.
   d) Um diálogo entre duas pessoas, em que elas discutem suas opiniões, compartilham ideias e se mostram dispostas a ouvir uma à outra.

4. O que é linguagem não verbal e por que ela é importante?

5. Identifique a frase que melhor caracteriza o processo de construção coletiva de uma negociação:
   a) É um processo decisório complexo em que, no mínimo, uma das partes envolvidas necessita de autorização de seus superiores para concluir o acordo.
   b) É uma forma colaborativa de trabalhar, mas a decisão final cabe apenas a uma pessoa.
   c) Essa característica dá ao processo de negociação uma feição singular, em que as partes envolvidas apresentam interesses e necessidades diferentes.
   d) É um esforço interativo em que cada participante busca encontrar as interfaces existentes entre sua posição e as posições dos outros intervenientes.

Antecedentes para a negociação bem-sucedida

Conteúdos do capítulo:

- Aspectos fundamentais e antecedentes para o sucesso contínuo na negociação.
- A visão necessária ao gestor empresarial.
- Ênfase na gestão da relação com o cliente e na contínua inovação do produto.
- Importância da atuação ética e responsável como garantia da sustentabilidade do negócio.

Após o estudo deste capítulo, você será capaz de:

1. compreender os princípios que devem nortear a atuação da empresa com vistas à negociação bem-sucedida;
2. perceber as atitudes mais importantes das pessoas e equipes em uma empresa que deseja desenvolver bons negócios de forma sustentável;
3. incorporar a visão empresarial com foco sistêmico e integrado no cliente e no produto;
4. compreender as ações organizacionais a partir de uma perspectiva de longo prazo;
5. entender a necessidade de a organização agir de forma conjunta e harmônica, na qual todas as áreas são igualmente responsáveis pelo sucesso da negociação, e não apenas as pessoas que estarão *face to face* com o cliente.

2.1 Onde verdadeiramente começa o processo de negociação?

Quando já temos totalmente incorporada a postura negocial, isto é, quando o DNA do *Homo negociatus* já se tornou parte desenvolvida em nossa forma de ser e agir, percebemos com nitidez as mais diferentes situações envolvendo processos de negociação. Conseguimos, dessa forma, identificar com clareza como alguns princípios são realmente relevantes para o sucesso de uma operação de negócios, seja ela em pequena ou grande escala.

Vejamos dois exemplos, extraídos da vida cotidiana, em uma estação de veraneio do litoral brasileiro. São episódios que caracterizam duas situações exatamente opostas e constituem, poderíamos dizer, sem medo de exagerar, modelos de comportamento que costumeiramente encontramos nas mais diferentes regiões e em inúmeros ramos de atividade.

2.1.1 Cena 1: a banca de água de coco

Em uma pequena barraca, à beira-mar, onde são vendidas bebidas em geral e água de coco, o atendimento é prestado por uma senhora, de cabelos presos, amarrados por debaixo de um boné branco e azul, no qual consta o nome do seu estabelecimento. Está uniformizada com um avental branco, impecável, e atende rapidamente todos os clientes, que vão chegando em grande quantidade e fazendo pedidos, mas sem se esquecer de dar um sorriso e um muito obrigado a cada consumidor.

As instalações são diminutas; a barraca é quadrada, medindo aproximadamente três metros em cada lado, com portinholas na parte da frente e nas laterais, que abrem para cima, permitindo um pequeno balcão em cada um dos lados, à margem do qual os clientes podem permanecer, havendo à sua disposição portas-guardanapo e canudos. A parte de trás é fechada, com apenas uma pequena porta, ao lado da qual estão localizados equipamentos, como geladeira, freezer e outros acessórios. Percebe-se que são atendidas as **expectativas básicas** de qualquer cliente, bem como as **exigências das autoridades** que supervisionam e regulamentam o setor em que a microempresária atua e o produto que vende.

Além de tudo aquilo que é necessário ao adequado consumo dos produtos que é vendido na barraca, inclusive recipientes próprios e específicos para o descarte dos resíduos orgânicos e recicláveis separadamente, nota-se, no cantinho de um dos balcões, alguns bonequinhos feitos artesanalmente a partir das cascas velhas de coco. Pode-se perceber que foram feitos com atenção aos mínimos detalhes, demonstrando grande zelo e cuidado da parte do artista que os produziu. Quando perguntada sobre quem os tinha feito, a senhora que atende no balcão responde, com um largo sorriso nos lábios, que é ela a autora daquelas pequenas obras, demonstrando um indisfarçável orgulho por algo que, embora simples, lhe dá uma alegria e uma satisfação muito grande em fazer. Essa pessoa tem, certamente, uma satisfação nata em **encantar** as pessoas que vão ao seu estabelecimento, isto é, **seus clientes**.

Esse encantamento não se conquista somente com a beleza de um ambiente e com simples adornos no produto vendido, para torná-lo mais bonito. Claro, isso também é importante, pois fazer o seu cliente sentir-se bem e confortável já é o primeiro passo para ter dele uma resposta positiva quando chegar a hora de fazer-lhe uma proposta de negócio. Mas o encantamento vai além disso: ele abrange outros aspectos ligados ao produto e ao entorno da operação comercial, que não são somente acessórios estéticos, mas também, e acima de tudo, práticos, isto é, atributos adicionais, **inesperados**, colocados à disposição do cliente para fazer sua vida melhor ou, em outras palavras, para aumentar o seu grau de satisfação com o consumo do produto que lhe está sendo vendido. Exemplo simples dessa afirmação: nessa barraquinha, a proprietária colocou à disposição dos clientes um pequeno suporte, feito com a base da garrafa plástica (PET) de dois litros. Serve na medida exata para apoiar qualquer tipo de coco, de qualquer formato ou tamanho, evitando que ele vire e que a água se derrame, permitindo que o cliente não precise ficar o tempo todo segurando o coco com a mão. Genial, não? De tão simples que é, torna-se genial: útil, barato (para não dizer sem custo) e ecologicamente correto!

Você, a esta altura, talvez já esteja pensando que estamos nos detendo muito nos detalhes descritivos do ambiente. Isso é proposital. Com a descrição detalhada de como é o ambiente do negócio, pretendemos transmitir-lhe uma ideia mais acurada sobre a pessoa que está por trás disso e sua forma de enxergar a operação comercial que se decidiu empreender.

Trata-se, naturalmente, de um ambiente informal e descontraído, pois é um estabelecimento à beira-mar. Vários clientes se acotovelam no balcão, pedindo suas bebidas e são atendidos à medida que chegam, contudo, sem qualquer desordem. Muitos gostam de estender um pouco a conversa com a atendente, e ela, enquanto abre um coco ou serve um refrigerante, conversa um pouco com cada um, do jeito que pode, mas com muita simpatia e atenção.

O horário de funcionamento é, diariamente, a partir das 8h 30min, fato que destaca o estabelecimento em relação aos demais, pois em qualquer outra área da praia não se acha nenhuma barraca aberta de manhã bem cedo. Em geral, esses estabelecimentos ficam abertos até tarde e no dia seguinte abrem tarde também, normalmente depois das 10 horas. Percebe-se, assim, que, entre outros detalhes, o horário de atendimento constitui um **diferencial** daquela barraca em relação às demais, atendendo um tipo de cliente que os outros estabelecimentos não consideravam: pessoas que levantam cedo e gostam de caminhar ou correr na praia, ou mesmo que preferem tomar sol cedo, em horário mais ameno, com menos circulação de pessoas e calor menos intenso.

Figura 2.1 – É preciso encantar o cliente, em qualquer negócio

Você deve ter reparado que foi comentado o horário de abertura da barraquinha, mas que nada foi mencionado a respeito da hora em que fechava. Obviamente, é de se imaginar que, se o estabelecimento é aberto mais cedo, provavelmente é fechado mais cedo também, e que a proprietária trabalha, no final das contas, o mesmo número de horas que os seus concorrentes. Entretanto, ao ser perguntada sobre isso, respondeu: "Nós atendemos até o último cliente". Tem algo que possa ser mais contundente para expressar a **postura negocial** de uma pessoa ou de uma empresa? Definitivamente, o que ela quis dizer foi: nós estamos aqui para servir e atender bem os nossos clientes, isto é, as pessoas que estão interessadas em tomar água de coco ou refrigerante, não importa o horário em que elas queiram fazer isso! Veja que esse é o mesmo conceito das sofisticadas lojas de conveniência, mas aplicado por uma empreendedora em um negócio tão simples como a venda de água de coco na praia.

2.1.2 Cena 2: o restaurante

Não muito longe do lugar onde se desenvolvem as atividades do empreendimento descrito na Cena 1, existe um restaurante que serve variados tipos de comida contemporânea e, naturalmente, o que mais se encontra em uma região litorânea: pratos à base de frutos do mar.

Mas o que mais chama a clientela para aquele restaurante não é exatamente essa característica do menu, e sim uma das opções da casa, estampada em um letreiro neon, bem na frente do estabelecimento: PIZZA. Sim, o anúncio está em maiúsculas para transmitir o mesmo destaque que o dono da casa colocou na propaganda do produto. E quem não gosta de pizza? Mais do que italiano, esse se tornou um prato típico do brasileiro. Deve ter sido exatamente esse o raciocínio do comerciante que colocou a placa na frente do seu restaurante: oferecer um produto que atinge certamente um público bastante numeroso.

O garçom, muito solícito e gentil, assim que o cliente senta à mesa, já leva rapidamente o cardápio. Ponto positivo: cortesia e agilidade no atendimento. Entretanto, um dos fregueses, provavelmente um bom apreciador do produto, além de ser naturalmente curioso, resolve perguntar ao garçom se a pizza era feita em forno a lenha. O garçom titubeia por um segundo, como se a pergunta tivesse sido quantos quilômetros há da Terra até a Lua... Ele não tem nem ideia de onde e como é feito um dos principais produtos que a empresa dele coloca à venda.

É fundamental conhecer os detalhes do produto que se vende. Um leitor preocupado em olhar com parcimônia e justeza os dois lados que sempre existem em qualquer problema poderia dizer: "Mas talvez aquele atendente tenha sido contratado há pouco tempo, e ainda não tenha tido tempo suficiente para conhecer a fundo o produto colocado à venda pela empresa". Existe grande chance de o leitor estar correto, no que se refere à primeira parte. Aquele garçom certamente havia sido contratado recentemente, o que é bastante comum em lugares de veraneio, onde o elevado fluxo sazonal de pessoas que vem à região durante a temporada exige contratação de mão de obra extra.

Por outro lado, também podemos afirmar que o atendente não era "culpado" pela sua própria desinformação. A responsabilidade aqui deve ser atribuída a quem gerencia o estabelecimento, seja o próprio dono, como no caso das empresas pequenas e médias, ou alguém nomeado pelo conselho de administração, como ocorre nas empresas muito grandes. E qual foi a falha? Falta de treinamento! Nada mais, nada menos. Antes de colocar alguém para vender algo, é preciso treiná-lo, mostrar-lhe todos, absolutamente todos, os aspectos, as características e os detalhes de funcionamento sobre o produto que vai comercializar. É dessa forma que o novo profissional terá melhores argumentos de venda e estará capacitado para responder a eventuais dúvidas apresentadas pelos clientes sobre seu produto.

Entretanto, há um aspecto que é de exclusiva responsabilidade do interveniente direto no negócio: sua postura. Foi nítido, com base na expressão facial que o garçom apresentou, que a pergunta do cliente lhe soou estranha, talvez até inconveniente. Do tipo: para que esse cara quer saber isso? Se a pizza estiver boa, não importa se o forno é a lenha ou a gás. Agora já não estamos falando de treinamento ou conhecimento: estamos falando de atitude. A reação do profissional e a mensagem que expressou através de sua linguagem corporal denotavam claramente que não atribuía nenhuma importância àquela questão. Isso ficou mais claro ainda quando voltou e respondeu com um monossilábico "sim". Só faltava ter respondido "aham"...

O que colocamos aqui, note bem, é a importância de **acolher as dúvidas e questionamentos levantados pelo cliente em uma negociação**, embora, às vezes, possam nos parecer totalmente irrelevantes.

Mais tarde, dentro de um tempo normal de preparação, a pizza foi trazida à mesa, apesar de haver várias pessoas no restaurante e, pelo que se podia notar, muitos clientes terem pedido pizza. Ponto positivo: **entrega dentro do prazo**.

Entretanto, na hora de colocar o tradicional complemento por cima da pizza, o azeite de oliva, veio a surpresa: não era azeite de oliva! O mesmo freguês, profundo apreciador do produto, acostumado, portanto, ao verdadeiro sabor dessa iguaria portuguesa, espanhola ou grega, que são os mais comuns no Brasil, percebeu um gosto muito estranho no produto colocado à mesa. Incrédulo, perguntou inicialmente a si mesmo e depois às pessoas que o acompanhavam à mesa: não é azeite de oliva? Será que é de outra marca? De outra origem? Enfim, depois de muitas provas e contraprovas, os integrantes da refeição chegaram à conclusão de que não era azeite de oliva o que se servia na mesa! Não servi-lo junto com a pizza não chega a ser crime, pelo menos, sob a estrita análise legal (embora possa ser considerado um crime gastronômico). O fato extremamente grave é o produto não ser azeite de oliva, mas estar armazenado dentro de uma garrafa de azeite de oliva!

Imagino que você já percebeu que estamos tratando de um dos mais importantes princípios a serem observados e preservados em uma negociação: a **fidedignidade das informações sobre o produto**, o que, nesse caso, está diretamente associado à autenticidade de um produto acessório que influencia a qualidade do produto principal, objeto da negociação.

"Mas a pizza estava boa, não é?", provavelmente você perguntaria. De fato, não há ressalvas quanto a isso. O produto principal estava delicioso, atendendo especificamente às expectativas diretamente relacionadas a sua qualidade e seu sabor. Entretanto, não é somente o produto em si que deve atender às necessidades do cliente. Por quê? Porque o consumidor tem necessidades correlatas, indiretas e até mesmo posteriores à aquisição ou ao consumo do produto. O azeite de oliva se constitui, portanto, em uma necessidade correlata ao consumo do produto principal.

Quer um exemplo de uma necessidade posterior à aquisição do produto principal? Veja a seguir o restante da história...

O cliente, que estava acompanhado, havia pedido uma pizza grande, de doze fatias. Algum tempo depois, entre comer e conversar à mesa, hábito muito saudável, diga-se de passagem, metade da pizza ainda estava na bandeja, mas adivinhe o que havia acontecido: claro, já havia esfriado! Foi solicitado ao garçom, então, que a pizza fosse reaquecida. Sempre gentil, o atendente levou imediatamente a bandeja para a cozinha. No entanto, no minuto seguinte ele já estava de volta, informando que infelizmente só seria possível esquentar a pizza no forno de micro-ondas.

O bom apreciador de pizza sabe que esquentar a pizza no micro-ondas deixa-a molenga, borrachuda, isto é, tira toda a delícia do produto. Se há a necessidade de se reaquecer uma pizza, é recomendável fazê-lo num forno elétrico ou no próprio forno à lenha, como seria o lógico no caso daquele restaurante, já que (aparentemente) ele dispunha de equipamento desse tipo. Mas o garçom alegou que não tinha como fazer isso porque a pizza já estava cortada em fatias... Ora, qualquer pizzaria imaginaria que, na maioria das vezes, haverá a necessidade de esquentar uma pizza, pois isso é absolutamente comum, normal. Muitas vezes o próprio garçom é quem oferece essa gentileza, demonstrando a preocupação da casa em não deixar cair a qualidade do produto (comida fria) e satisfazer adequadamente as diferentes necessidades dos clientes.

Não queremos aqui discutir a dificuldade daquele restaurante para esquentar uma pizza cortada em fatias, mas o fato é que a maioria dos outros estabelecimentos faz isso, e sem problema algum. O que estamos tentando transmitir a você é que, para o cliente, não interessa se é mais fácil ou mais difícil oferecer um produto com determinados atributos ou serviços associados. O que interessa, para o consumidor, é sua necessidade, aquela expectativa, seja ela inerente ao próprio cliente ou decorrente de alguma comparação com a concorrência ou experiência anterior em outro estabelecimento, onde ele obteve aquele tipo de serviço agregado.

Figura 2.2 – É fundamental atender às expectativas criadas sobre o produto

Diego Cervo/Shutterstock

Bem, a esta altura do texto, acreditamos que você já tem uma boa ideia de que estamos tratando de alguns **princípios** para uma boa negociação: se queremos ter sucesso no momento *face to face* com o cliente, é preciso preparar a operação muito antes de acontecer a oferta negocial. E essa iniciativa deve ser realizada com base em alguns princípios, os quais podem ser divididos em três grandes grupos. Podemos afirmar que esses grupos são, na verdade, três diferentes modos de enxergar a atividade comercial, três **visões** do que uma empresa deve fazer para assegurar o sucesso de suas vendas, a saber:

- **A visão do cliente**, isto é, conhecer, entender o cliente, ter uma visão adequada, corretamente mensurada, das suas necessidades, das suas expectativas, do seu modo de ser, de agir, de pensar e, a partir desse conhecimento, encontrar a melhor forma de satisfazê-lo, de fazê-lo feliz e desejoso de voltar a fazer negócios conosco, na próxima oportunidade em que ele tiver necessidades a serem atendidas.
- **A visão do produto**, em que o foco deve ser na inovação e adaptação constantes do produto para satisfazer o comprador cada vez mais e melhor. Preparar apropriadamente a força de vendas também é importante, isto é, proporcionar as ferramentas para quem vai efetivamente "lutar a batalha no *front*". É preciso que a pessoa, ou equipe, que vai participar do processo negocial tenha uma visão completa e abrangente do produto que a empresa está oferecendo. Isso inclui aspectos técnicos, informações acessórias relacionadas não só às funcionalidades do produto, mas a outros aspectos tão diversos como impacto ambiental (um consumidor pode querer saber, por exemplo, como é feito o descarte do produto, depois de obsoleto), acessibilidade, origens (um cliente pode ter a curiosidade de saber qual é a origem do nome do produto, ou da empresa). Muitas vezes, não dispor de

resposta a perguntas do cliente causa dificuldade maior para o negócio, mas, se o vendedor souber responder de "bate-pronto", demonstrando profundo conhecimento daquilo que vende, certamente passará uma impressão de um profissional não só bem informado, mas comprometido com o produto e com a companhia que o fabrica, a ponto de saber detalhes de sua história. É como alguém saber a comida preferida de um amigo: se você não souber, não vai acabar com a amizade, mas, se você lembrar esse e outros fatos sobre a vida daquela pessoa e detalhes convidar para jantar em sua casa e saborear aquele prato de que ela tanto gosta, estará demonstrando, indubitavelmente, que tem um apreço especial por ela.

- **A visão de longo prazo**, isto é, a percepção que uma companhia deve ter da necessidade de sustentabilidade em suas relações com o cliente. Efetuar uma ótima venda hoje e não receber novamente o comprador em sua loja não é, definitivamente, um bom resultado, pelo menos no longo prazo. Embora esse pensamento seja tão óbvio, saiba que muitas empresas ainda não conseguem percebê-lo claramente, principalmente aquelas que têm uma quantidade muito grande de clientes. É preciso tomar cuidado com o que costumamos chamar de "**armadilha do milhão**": a empresa tem **mais de um milhão** de clientes e, com isso, tem muita dificuldade em enxergar as demandas e expectativas que não está cumprindo, colocando em risco sua sobrevivência no longo prazo.
- Dados do Procon de São Paulo (São Paulo, 2014), estado em que está concentrada grande parte da atividade industrial e comercial do país, apontam que diversas grandes

companhias nacionais e multinacionais instaladas no Brasil têm sido objeto de reclamações consistentes, e pior: continuam falhando em atender bem seus clientes. O último *ranking* divulgado, referente a 2013, lista grandes empresas ou grupos empresariais que geraram número expressivo de reclamações fundamentadas – isto é, situações em que as demandas dos consumidores não foram solucionadas na etapa inicial dos atendimentos. Vale registrarmos que as empresas reclamadas são chamadas a se pronunciar sobre cada uma das queixas apresentadas, mediante uma carta de informações preliminares, e tem ampla possibilidade de defesa e contra-argumentação.

É interessante notarmos que os setores campeões em reclamações nos órgãos de defesa do consumidor são, em geral, os das telecomunicações e da área financeira. Nove dos dez maiores grupos econômicos que lideram o *ranking* de queixas no Estado de São Paulo pertencem a esses dois setores, os quais são regulados pelo governo federal, ou seja, é necessário deter licença de funcionamento para atuar nessas áreas, além de essas companhias estarem sujeitas à supervisão de órgãos de controle, como a Agência Nacional de Telecomunicações (Anatel) e o Banco Central (Bacen). É uma aparente contradição – apenas aparente, porque, justamente pelo fato de serem setores altamente regulados, as barreiras de entrada são muito grandes, ou seja, é muito difícil ocorrer a habilitação de novas empresas para atuar nessas áreas, seja pelo tamanho do investimento requerido, seja pelas exigências de licenciamento. A livre concorrência não funciona corretamente em nosso país e, por isso, a grande insatisfação dos clientes ainda não se fez sentir nas perspectivas de longo prazo dessas companhias.

2.2 A visão do cliente

A visão do cliente engloba alguns princípios, ou pressupostos, que buscam nortear a atuação da empresa e proporcionar orientação a seus colaboradores. É importante ressaltarmos que, quando nos referimos a colaboradores, estamos tratando de todos os funcionários da empresa, de todos os setores, não somente àqueles que trabalham na área de vendas ou pós-venda. A postura de ter uma visão adequada de quem é o cliente da organização e quais são suas expectativas deve estar presente na mente de todos que trabalham em um empreendimento, grande ou pequeno. Somente assim será possível cumprir completamente com os postulados que elencamos a seguir, tornando o cliente feliz e propiciando seu retorno outras vezes para fazer negócios conosco:

- ◆ Cumprir exigências regulatórias.
- ◆ Atender as expectativas básicas do cliente.
- ◆ Encantar o cliente.
- ◆ Ter um diferencial em relação à concorrência.
- ◆ Apresentar postura negocial (flexibilidade).

Poderíamos dizer que todos esses princípios listados são uma obrigação que empresa deve cumprir, no sentido de que são condições mandatórias para o sucesso pleno e duradouro do negócio. Entretanto, o primeiro princípio é, efetivamente, uma obrigação legal. Atender às especificações emanadas dos órgãos de controle e supervisão da área em que a empresa atua ou relacionadas ao produto que a organização fabrica é, antes de tudo, uma situação compulsória, necessária até mesmo para o empreendimento iniciar suas atividades.

Existem diversos setores da economia altamente regulados, principalmente na área de serviços de interesse público, como energia elétrica, telecomunicações, abastecimento de água, coleta de lixo e sistemas de esgoto urbano. Outros setores fortemente controlados dizem respeito à saúde humana, e também à animal, em alguns casos (por exemplo, o processamento de produtos naturais, a industrialização de alimentos, a fabricação e comercialização de remédios). A mesma situação acontece, embora por motivos diferentes, não relacionados ao interesse público, mas ao nacional, com a produção de armamentos. Por outro lado, empresas cujas atividades têm alto potencial de impacto ambiental também estão sujeitas ao controle de órgãos específicos e devem ter cuidados especiais na exploração de seus negócios, pois eventuais danos ao meio ambiente podem ter expressiva repercussão na mídia, provocando fortes protestos de grupos ambientalistas e da população em geral, gerando drástica redução em suas vendas.

Atender aos requisitos estabelecidos por órgãos como Anatel, Agência Nacional de Energia Elétrica (Aneel), Agência Nacional de Vigilância Sanitária (Anvisa), Ministério da Saúde, ministérios militares, Polícia Federal, Instituto Brasileiro do Meio Ambiente e dos Recursos Renováveis (Ibama), Instituto Nacional de Metrologia, Qualidade e Tecnologia (Inmetro) e Bacen deve ser prioridade para as companhias que atuam em áreas sujeitas ao controle desses órgãos, pois o descumprimento de quaisquer de suas regras, portarias ou instruções normativas pode levar até mesmo à perda da licença de funcionamento, trazendo graves consequências para a continuidade dos negócios da empresa e provocando não apenas prejuízo financeiro direto, mas também danos muitas vezes irreparáveis à imagem da empresa, abalando a confiança do consumidor de seus produtos e levando, em alguns casos, a perdas grandes de mercado e, até mesmo, ao encerramento de suas atividades.

O sentido de esse princípio estar incluído na visão do cliente é que o seu objetivo é resguardar a segurança do cliente, proporcionar ao consumidor uma defesa adequada dos seus interesses e necessidades, dado o fato de que, geralmente, ele sozinho não tem condições de verificar e controlar aspectos importantes da qualidade do produto, relacionados, principalmente, à higiene do processo fabril, ao uso e à preservação das características originais da matéria-prima utilizada ou ao seu correto e seguro funcionamento, como no caso de brinquedos, por exemplo. Enfim, atender às exigências de órgãos reguladores também faz parte da visão do cliente porque, embora sejam atitudes obrigatórias por parte da empresa, ao cliente se destinam. Além disso, podemos afirmar, em última análise, que objetivam proporcionar o atendimento das **necessidades básicas** do cliente em relação ao produto (ou serviço) que a companhia comercializa.

Por outro lado, atender às **expectativas básicas** do cliente já é um passo a mais, ultrapassando o cumprimento com suas necessidades básicas. Enquanto as necessidades básicas estão relacionadas a aspectos regulatórios e exigências legais, as expectativas básicas do cliente dizem respeito àquilo que ele espera do produto e da empresa, além do que manda a lei. Por exemplo: na comercialização de embutidos, as normas legais estabelecem os cuidados básicos que devem ser tomados no processo fabril desses produtos. Então, a Secretaria da Agricultura e Abastecimento, por meio de sua Coordenadoria de Inspeção Sanitária dos Produtos de Origem Animal, determina que a concessão de registro às fábricas de conservas de produtos cárneos somente será concedida se seus projetos de construção forem previamente aprovados pelo referido órgão, especificando, entre outros requisitos, que o piso das instalações fabris deve ser liso, impermeável e de fácil higienização, com declive de no mínimo 1% em direção às canaletas, para uma perfeita drenagem, sendo de material resistente a choques e à ação de ácidos e álcalis. São materiais permitidos os do tipo korodur, cerâmica industrial, gressit, ladrilhos de basalto regular polido ou semipolido, adequadamente rejuntado com material de alta resistência, ou outros que venham a ser aprovados.

 Todos os esgotos devem ser lançados nos condutores principais por meio de sifões, a rede de esgotos em todas as dependências deve ter dispositivos adequados, que evitem refluxo de odores e a entrada de roedores e outros animais. Esses dispositivos devem ser ligados a tubos coletores e estes ao sistema geral de escoamento, dotado de canalização e instalações para retenção de gorduras, resíduos e corpos flutuantes, bem como de dispositivos de depuração artificial. Perceba, então, que essas condições se destinam a atender às **necessidades** básicas (principalmente relacionadas à higiene e segurança) que o consumidor tem, sendo resguardadas pelo Estado por meio de instituições de controle.

A **expectativa** do cliente, portanto, está relacionada a outros aspectos, adicionais aos regulatórios, que um comprador espera de uma empresa com a qual pretende fazer negócio, como a cortesia no atendimento. **Cortesia** é uma expectativa básica de qualquer cliente. Ele espera ser bem tratado por qualquer pessoa que trabalha na empresa. Essa não é, portanto, uma responsabilidade apenas do vendedor. A telefonista da empresa, por exemplo, desempenha um papel importantíssimo, porque, muitas vezes, é o primeiro, e talvez o último, contato do potencial cliente com a empresa. Se não receber um tratamento adequado já nessa primeira etapa, a pessoa certamente não seguirá adiante. Então, veja a importância da cortesia já desde o primeiro momento para, pelo menos, a empresa poder, na etapa seguinte, mostrar seu produto.

Muitas empresas não percebem a quantidade de clientes perdidos já no primeiro contato, antes mesmo de o funcionário da área de vendas ter a oportunidade de usar seus bons argumentos e tentar fechar um negócio. Esse problema vale para todos os que trabalham na empresa, inclusive pessoal terceirizado. Imaginem um segurança de um estabelecimento comercial que, embora tenha uma responsabilidade muito grande pela função que exerce, use de atitudes excessivamente enérgicas e até mesmo grosseiras para exercer suas atribuições. O consumidor não irá diferenciar esse colaborador terceirizado de um funcionário da própria empresa, ou, mesmo que perceba a diferença, vai atribuir a responsabilidade pela sua inabilidade em tratar o público não à empresa terceirizada que o selecionou e treinou, mas ao estabelecimento comercial onde ele se encontra naquele momento.

A cortesia, contudo, vai além de um sorriso gentil e algumas palavras simpáticas. É preciso preparar os funcionários para lidar com situações estressantes, em que o cliente, muitas vezes, já chega ao estabelecimento (ou entra em contato por telefone) sem paciência, exasperado com alguma situação insatisfatória criada pela companhia e da qual se considera vítima. Ainda que o consumidor não tenha razão (o que acontece frequentemente, apesar do velho ditado), nenhum empregado pode perder a calma e reagir de maneira negativa ante tal situação. Obviamente, cortesia não significa permitir o achincalhamento da pessoa do colaborador. Não se trata aqui de dizer que um funcionário da empresa deve deixar-se humilhar, para que a empresa não perca seu cliente. O funcionário pode, e deve, ser firme. Apresentar os argumentos e informações que, a seu ver, cercam aquela situação de insatisfação inicial para o cliente. Tudo isso, de uma maneira firme, porém serena.

Em último caso, é possível apelar a um colega para intermediar e minimizar a situação de confronto bilateral cliente-funcionário que eventualmente possa se instalar. Tenha convicção de que a firmeza, amparada em argumentos racionais e fatos relevantes, demonstrada pelo atendente e apresentada de maneira respeitosa contribuirá, ao final, para uma percepção positiva do cliente em relação à empresa. Essa percepção positiva decorre da segunda, e igualmente importante, expectativa básica do cliente: **o profissionalismo com que a organização lhe trata**.

O profissionalismo de uma empresa é observado por meio da capacidade de seus funcionários atenderem objetivamente a clientela, demonstrando conhecimento profundo do produto que vendem e os benefícios que proporcionam ao comprador, discorrendo de maneira isenta sobre suas especificações. Em suma, o profissionalismo está ligado ao tratamento honesto e respeitoso ao cliente.

A seriedade profissional pode ser compreendida dentro de um amplo leque, que vai desde o tipo de vestimenta utilizado no ambiente de negócios, passando pela forma de tratamento pessoal e conduta socialmente aceita até a postura ética na relação comercial, com probidade e fidelidade aos anúncios veiculados e compromissos de venda assumidos. Nesse particular aspecto, vale ressaltarmos que é muito importante não assumir obrigações sobre as quais não se tem certeza da possibilidade de cumprimento, como prazos de entrega, por exemplo. Nada depõe mais contra o profissionalismo de um empreendimento do que a percepção pelo cliente de que ela, no afã de fechar uma venda, assume compromissos sobre os quais não tem certeza, ou não tem controle, em cumprir. Vamos a mais um exemplo do cotidiano:

> Recentemente, um amigo levou seu carro importado à concessionária para consertar um amassamento no para-choque dianteiro, resultado da batida de outro veículo que fazia uma manobra de estacionamento. Como havia cobertura completa pelo seguro do outro condutor, meu amigo não teve maior estresse com o assunto, até esse momento. Ao levar o veículo à concessionária soube que, se não houvesse peças em estoque na distribuidora nacional do fabricante estrangeiro, seria necessário importar as peças que precisariam ser substituídas no conserto, o que poderia levar em torno de 20 dias, mas não havia certeza sobre esse prazo. Por esse motivo, a concessionária tem como prática colher um termo de ciência do cliente,

no qual ele reconhece estar a par dessa possível demora e de que não há prazo certo.

Apesar da insatisfação inicial com a falta de perspectiva concreta em relação ao prazo de conclusão do conserto, é importante registrar a postura de profissionalismo daquele estabelecimento comercial. Mesmo já imaginando que iria provocar o descontentamento do freguês ao não poder lhe propor uma data exata para entrega do veículo consertado, a empresa preferiu enfrentar essa situação e ter absoluta convicção moral e ética em sua relação comercial. Preferiu essa atitude em vez de marcar um prazo inicial, evitando, em um primeiro momento, maior desgaste com o cliente, mas posteriormente sendo obrigada a pedir prorrogações de prazo (sem nenhuma certeza de quando seria exatamente a entrega do serviço) e, aí sim, provocar uma insatisfação maior do cliente, gerando inclusive uma imagem de incompetência no desempenho de suas funções. Isso é profissionalismo: tratar o cliente com seriedade, prestando-lhe as informações corretas sobre os produtos e serviços oferecidos pela empresa e sua real capacidade de entrega. É o mínimo que se espera de alguém que decidiu empreender uma atividade comercial, ou seja, isso é a **expectativa básica do cliente**.

De acordo com D'Elia (1997), o grande desafio para a atuação profissional de uma organização é a falta de congruência que reina atualmente. O legado de muitas décadas é uma postura empresarial com discurso e ação diferentes. Esses ingredientes foram separados por muito tempo e até podemos observar alguns casos de sucesso do passado que aplicavam esse método.

Ser profissional hoje, entretanto, exige que desaprendamos esse comportamento. É preciso ser congruente, o que isso significa ser e fazer de maneira sintonizada e harmônica; é dar e ser exemplo do que fala, é conquistar credibilidade com atitudes.

A importância na relação com o cliente não está somente em "o que" a empresa oferece, mas sim em "como" se dá o processo de venda – o que dá o tom a essa dinâmica é o profissionalismo com que a empresa trata seu público. Equilibrar o lado técnico com o lado humano, desenvolvendo a flexibilidade, tendo percepção para tratar de maneira diferente cada situação, cada cliente.

E o diploma desse profissional não está na parede nem foi obtido em boas universidades. A certificação e o reconhecimento de uma conduta considerada profissional não vêm de fora, mas de dentro; é preciso ir à própria essência. A capacidade e a habilidade de ser profissional emanam do autoconhecimento e da disposição em conhecer o outro, no caso, o cliente. O profissionalismo neste terceiro milênio é sinônimo de uma postura de busca ininterrupta de aprendizagem, e os ensinamentos estão disponíveis em toda parte, gratuitamente – o bom profissional aprende com o colega, com o mais antigo e com o mais novo, também. Aprende no seu próprio lar, com os seus vizinhos, com os desconhecidos pelos quais passa na rua, no trânsito, no *shopping*, no cinema, enfim, em toda parte; basta estar atento e buscar desenvolver continuamente a capacidade de enxergar mais além do cotidiano.

Por outro lado, superar a expectativa básica do cliente e fornecer-lhe um produto ou serviço de excelência constitui o próximo princípio, um degrau mais acima na visão do cliente, que é **encantar** o consumidor. Aqui já não se trata mais de atender a demandas primárias do comprador, mas elevar o patamar do atendimento e da satisfação a um nível não imaginado por ele. No dizer de Shep Hyken (citado por Iwakura, 2014), especialista americano em experiência do consumidor, "a atitude de quem presta um serviço – e não só a técnica – é o que mais se fixa na memória do cliente. Para criar uma lembrança positiva, é preciso ser mais do que satisfatório. É necessário ser mágico".

O estudioso elenca ainda dez maneiras de encantar o cliente, das quais destacamos duas, a nosso ver as mais importantes para realmente fazer a diferença na mente e no desejo do consumidor:

1. Dê importância e valor ao cliente de uma maneira inesperada. Um exemplo ilustra melhor essa ideia: se um cliente vem a sua empresa para fazer a cópia de uma chave e, na hora de pagar, depois que o produto já foi concluído, percebe que esqueceu a carteira, dê a chave a ele em confiança. Isso vai criar um sentimento inusitado na mente do freguês, pois ele, certamente, não está acostumado a desfrutar desse nível de credibilidade em uma relação comercial. Perceba que uma gentileza desse tipo é um verdadeiro mimo ao cliente, que irá deixá-lo satisfeito muito acima da média e gerará uma cadeia de informação positiva a respeito da empresa. Já pensou se justamente aquele cliente é um jornalista, um escritor, um radialista ou qualquer outro profissional com forte influência em pessoas e alta capacidade de propagação de notícias? Imagine quanta publicidade sobre a sua empresa pode ser obtida dessa maneira! E caso aquele cliente não volte mais para pagar a conta nem faça propaganda positiva da sua loja, seguramente o valor despendido com

essa atitude é muito menos do que você gastaria com publicidade por meios tradicionais. Veja, então, que muito mais que um pequeno capricho ou uma postura filosófica, trata-se de uma decisão absolutamente racional, em que a perspectiva de benefício é elevada e o valor do investimento é baixo. Mas, atenção! É fundamental para o sucesso dessa estratégia que o proprietário, diretor ou, enfim, a pessoa que comanda a empresa, dê condições aos funcionários que lidam com o público para que eles possam tomar decisões como a descrita anteriormente. É necessário treinamento e delegação de poderes e alçadas. Do contrário, sua empresa ficará apenas na boa intenção, como quando vemos aquela plaquinha lá na sala do presidente da empresa, contendo a visão e a missão da companhia (nada contra essa etapa do planejamento estratégico, mas é necessário mais que palavras e intenções. É necessário adotar medidas de gestão que permitam que os objetivos estabelecidos no planejamento estratégico se tornem efetivos).

2. Recupere imediatamente a confiança do cliente. Muitas vezes ocorrem situações inesperadas e indesejadas na relação com o cliente. Alguma coisa falha em alguma etapa e o produto ou serviço entregue ao cliente não acontece como previsto, e, o que é pior, muitas vezes ocorre em um nível abaixo até mesmo das expectativas básicas do consumidor. Citamos aqui um exemplo muito interessante que tivemos oportunidade de vivenciar em família em um restaurante de comida rápida que servia lanches naturais. Entre tudo o que se pediu para comer e beber, um dos sucos não estava com gosto agradável. Provavelmente,

ao ser produzido (eram todos feitos na hora, o que é um fato positivo sempre), foi utilizada alguma fruta que já estava passada. O suco não foi consumido além do primeiro gole, ficando todo o restante na jarra. Os outros itens pedidos estavam ótimos, sendo aprovados totalmente em termos de sabor e composição. Não fizemos nenhuma reclamação em relação ao suco porque, dentro do quadro geral, estávamos muito satisfeitos com os demais produtos, com o ambiente e com o atendimento cordial da casa. Mas, ao pagar a conta, fomos indagados sobre o grau de satisfação com a comida. Respondemos que, de um modo geral, estava ótima, apenas deixando a desejar o suco servido. Dissemos ainda que, a nosso ver, tratava-se de uma situação pontual, relacionada principalmente com um nível de exigência pessoal em relação ao sabor do suco. Para nossa surpresa, a pessoa no caixa informou-nos que estava retirando o suco do valor total da conta, pedindo que se pagasse apenas o restante. Aquela atitude definitivamente nos surpreendeu, até mesmo porque não havíamos apresentado uma reclamação formal, e até hoje está muito presente em nossa memória. Permaneceu em nossa mente, associados àquela empresa, os atributos de honestidade, respeito ao consumidor, preocupação em atender bem. Enfim, trata-se de uma empresa que, em nossa visão, definitivamente cuida do seu cliente com carinho. Portanto, reposicionar-se rapidamente em situações de insatisfação do cliente é uma atitude que recupera a confiança e transforma aquilo que poderia ser uma experiência tremendamente negativa em um momento no qual se verifica como a organização realmente enxerga seu consumidor e até onde está disposta a ir para satisfazê-lo e manter sua fidelidade. Esse é o verdadeiro **momento da verdade com o cliente**. E esse momento pode se transformar em um momento mágico. Se o cliente tem uma queixa ou um problema, a maneira como a empresa lida com isso é realmente uma oportunidade de virar o jogo e criar um momento de magia. Não é necessário apresentar uma solução sensacional, formidável. Basta que essa solução esteja acima da média (Hyken, 2016). Em outras palavras, deve estar acima das expectativas normais do consumidor. As companhias que conseguem fazer isso provocam impacto positivo na mente do cliente, produzindo uma percepção diferenciada em seu público e conquistando fidelidade à marca e à empresa.

Apresentar um diferencial em relação à concorrência, por outro lado, não pressupõe necessariamente um momento mágico que encantará o cliente, mas é igualmente importante. A ideia aqui é apresentar alguma característica que diferencia a sua companhia das dos seus concorrentes. É o que se chama de *diferencial* ou vantagem competitiva. É a razão pela qual o consumidor escolherá a sua empresa e não a do seu concorrente. Você tem algo único, que o consumidor quer e de que gosta ou precisa, e os outros não têm. Pode ser algo muito simples, por exemplo, um horário de atendimento diferenciado. Você conhece algum supermercado que funcione ininterruptamente? Em grandes centros urbanos, já existem alguns estabelecimentos que oferecem esse tipo de atendimento, e há muitos consumidores interessados e que efetivamente vão a esses locais em horários completamente fora do habitual: às 22h, à meia-noite, de madrugada... São pessoas muito atarefadas durante o dia ou que têm horários de trabalho diferenciados, ou simplesmente pessoas com hábitos noturnos, que preferem ir tarde da noite para fazer compras porque sabem que não vão enfrentar filas no caixa, será muito fácil encontrar uma vaga no estacionamento, inclusive perto da entrada principal etc.

Agora, veja que o diferencial somente se sustenta enquanto apenas uma ou muito poucas empresas oferecerem aquele benefício ao consumidor. Por isso, a vantagem competitiva é muito efêmera – ela dificilmente se sustenta por muito tempo, porque, obviamente, os concorrentes logo perceberão aquela iniciativa diferenciada e tentarão copiá-la assim que lhes seja possível. Portanto, o diferencial competitivo é tão mais significativo quanto maior for a dificuldade em ser reproduzido pelos concorrentes. Contudo, mesmo que a empresa consiga propor um diferencial mais duradouro, seja por alguma característica exclusiva de concessão ou licenciamento, ou acesso à matéria-prima, ou exclusividade por força de patente ou registro, é importante que ela tenha uma **mentalidade de diferenciação**, isto é, que a organização busque **permanentemente** novos diferenciais, pois, à medida que alguns estarão sendo reproduzidos pela concorrência, a companhia já estará apresentando ao mercado novos atributos próprios e exclusivos seus que continuarão mantendo-a diferenciada na mente e na preferência do consumidor.

> Imagine se até hoje o grupo McDonald's continuasse oferecendo apenas o sanduíche Big Mac® como seu produto diferenciado. Embora esse lanche não tenha sido copiado integralmente em seu sabor, o conceito que ele encerra foi reproduzido em larga escala por outros estabelecimentos de *fast food* que surgiram nas últimas décadas. Entretanto, o grupo continuou inovando, oferecendo novos produtos (e novos conceitos de alimentação) ao consumidor, por exemplo, a linha de cafeteria e as sobremesas. Já outra rede de lanches rápidos, a Burger King, inovou ao propor outro tipo de diferenciação: seus clientes podem consumir refrigerante à vontade, pagando apenas o preço equivalente a um copo grande, embutido na oferta de um lanche combo.

Finalmente, concluindo a visão do cliente, temos o último, mas não menos importante, princípio: o da **flexibilidade**. *Flexibilidade* é a capacidade que a empresa tem de curvar-se rapidamente às demandas inusitadas de seu público, não obstante não haver qualquer previsão, regra ou mandamento no código de normas da companhia, no seu plano estratégico ou no seu manual de vendas. Nesse caso, a ênfase é na competência que a organização desenvolve para sair de sua própria cartilha, que nada mais são do que amarras que ela mesma criou, e responder de forma veloz (porque do contrário vai perder a oportunidade de negócio) a uma demanda não prevista. Como ninguém pode prever tudo, ou seja, nenhum planejamento estratégico, tático ou mesmo operacional consegue abranger todas as possibilidades de eventos que podem haver em uma relação comercial, a probabilidade de o empreendimento, ou melhor, de algum funcionário ver-se diante de uma situação inusitada é muito alta. Estar preparado para esses momentos é perceber que eles são oportunidades de ouro para fechar negócios que, de outra forma, simplesmente se tornarão oportunidades perdidas que ninguém nunca viu, nunca quantificou, mas que certamente poderiam ter contribuído muito para aumentar o resultado final das operações mercantis da companhia. É por isso que também chamamos o princípio da flexibilidade de *postura negocial*, ou seja, é, efetivamente, o posicionamento que a empresa adota no sentido de privilegiar a realização de negócios. É, em definitivo, não atuar apenas *by the book*, pois, se assim fosse, não seria necessário haver funcionários: bastaria montar um sistema robotizado de atendimento.

2.3 A visão do produto

A visão do produto engloba os seguintes princípios e tem como foco o produto ou serviço que a empresa oferece, visto por diferentes ângulos de análise, os quais buscam proporcionar à organização a visão clara sobre os atributos mais importantes do objeto a ser vendido e do processo da venda propriamente dito:

- treinamento (conhecer o produto);
- retroalimentação (adaptação constante do produto);
- fidedignidade (informações corretas sobre o produto);
- valor (atributos intrínsecos e acessórios do produto).

Vejamos esses atributos com mais detalhes nas seções a seguir.

Treinamento

Treinamento é uma das áreas mais sensíveis na gestão organizacional, pois envolve valores importantes de investimento, os quais, muitas vezes, principalmente em épocas de necessidade de ajustes orçamentários (para menos, naturalmente...), são vistos como despesas e acabam sendo os primeiros itens a serem reduzidos.

É natural que a área financeira da empresa, e mesmo sua cúpula de comando, pense dessa forma, pois, de todos os valores que a empresa tem de desembolsar no restante do ano, o treinamento é provavelmente o único item que, se reduzido, não produz qualquer impacto imediato no desempenho da corporação. Se o corte de compras de matérias-primas prejudicará a produção, os salários não podem ser diminuídos, a não ser por demissão, e as despesas administrativas em geral já se encontram em seu mínimo histórico, pois vêm sendo sempre cuidadosamente monitoradas. Verbas de publicidade podem até ser reduzidas em um pequeno percentual, mas a organização sabe que precisa continuar anunciando para continuar presente pelo menos nas possibilidades de escolha do consumidor, ou precisa ser lembrada no que se refere a seu produto e sua marca.

O treinamento é realmente a única verba que não produz efeito prontamente na *performance* da empresa. É quase mágico! É aquela verba-coringa que o administrador tem à disposição para ser retirada do orçamento, caso a disponibilidade de recursos seja menor do que a prevista, ou pior, caso seja necessário melhorar a última linha do balanço para atingir o percentual esperado pelos sócios ou acionistas.

Entretanto, é como deixar de fazer a revisão do seu automóvel nos períodos indicados pelo fabricante. Em um primeiro momento, o veículo continua funcionando normalmente. Entretanto, à medida que o tempo passa, o desgaste do carro se acentua e as falhas começam a ocorrer. O risco de acidentes se eleva, com possibilidade de danos ao condutor e a terceiros. E, no final, as despesas serão maiores do que os valores que seriam despendidos se fossem feitas as revisões nos momentos corretos.

Exatamente da mesma forma acontece com o treinamento dentro da empresa. Se os funcionários da companhia não recebem treinamento constante e adequado, a probabilidade é que os colaboradores fabriquem produtos com maior quantidade de defeitos com o passar do tempo. Certamente, o retrabalho e o gasto excessivo de material serão mais elevados do que o valor que teria sido investido no seu treinamento. Na fábrica, existe uma instância de controle de qualidade, em que o produto defeituoso é retido e não chega às mãos do consumidor; já em uma empresa de serviços, isso não acontece.

No setor de serviços, entretanto, o produto é gerado e instantaneamente entregue. Se houver defeito, não há como evitar o impacto para o cliente e o desgaste na imagem da empresa, e a empresa terá de reparar danos e prejuízos causados. E estamos falando apenas da área de produção. Pense ainda nas necessidades de treinamento de recepcionistas, ascensoristas e telefonistas da companhia, pessoas que estão em contato direto com o cliente o tempo todo e são imensamente responsáveis pela imagem da organização.

Perceba aqui como a visão do produto e a visão do cliente estão intimamente conectadas. Na seção destinada à visão do cliente, falamos em *expectativa básica do consumidor*, sendo a cortesia no atendimento um dos principais fatores. Aqui, na visão do produto, estamos tratando da necessidade de investimento em treinamento que a empresa deve fazer para que o seu produto ou serviço seja vendido. Esse treinamento envolve todas as áreas da empresa, desde a linha de produção, passando pelas áreas que têm contato com o cliente, embora não sejam responsáveis diretamente pelo fechamento do negócio, até o setor de vendas e pós-venda.

A organização tem de assumir que o seu colaborador é o centro, o núcleo gerador de resultados. Em torno dele é que se dá o processo e se realizam os negócios da companhia. Acima de qualquer dispositivo, máquina ou equipamento, mesmo aqueles de altíssima tecnologia, está o ser humano, criativo e com condições de agir nas mais inusitadas situações, desde que seja preparado para tal. O investimento em capacitação e qualificação dos seus funcionários provê a base para o crescimento sustentado da empresa.

Note aqui uma nova conexão, dessa vez com outra visão, a de longo prazo. Entender o homem como um ser complexo, formado e influenciado por inúmeras variáveis biológicas, sociais, psicológicas e espirituais e alocar recursos para o desenvolvimento harmônico desse indivíduo multifacetado representa criar condições para um futuro bem-sucedido para os negócios da empresa.

Treinamento, portanto, deve ser entendido em um sentido amplo, como algo muito maior que a mera transmissão de conhecimentos e o desenvolvimento de novas habilidades nos funcionários. Treinar significa desenvolver o profissional em sua plenitude como ser humano, motivando-o para o exercício constante da sua criatividade em favor da empresa ao mesmo tempo que demonstra o reconhecimento do seu valor como pessoa, elevando sua autoestima e gerando um ambiente organizacional favorável e produtivo.

Retroalimentação

A retroalimentação é um princípio ligado diretamente à ideia de ouvir o cliente. A empresa tem de estar preparada para um constante *feedback* sobre seus produtos e as necessidades de modificações, que podem ser detectadas se a organização estiver atenta ao seu público e souber captar os sinais que ele emite. Não basta apenas ter uma postura de ouvir o cliente: é preciso implantar mecanismos para que efetivamente essa prática tenha lugar e, além disso, possa gerar consequências internas.

O *feedback* do cliente é precioso para qualquer companhia disposta a crescer de maneira sustentável, pois é esse proceso que indica exatamente o que está bom e o que falta no produto ou serviço provido pela empresa. Essa é certamente a maneira perfeita para a organização obter informações valiosas sobre gostos, estilos e preferências do consumidor, alterando seus produtos e serviços para melhor se adequar às necessidades do público comprador. Há um enorme potencial de resultado positivo para a companhia caso adote permanente essa prática, sendo ela útil não só para o aperfeiçoamento dos produtos e serviços existentes e promoção dos lançamentos no mercado, mas também para criar uma relação de empatia com seu público consumidor, demonstrando, de maneira indiscutível, seu comprometimento com a entrega de um produto ou serviço de alta qualidade que gere satisfação total para seu cliente.

> Quem não se lembra daquele filme com o ator Tom Hanks: *Quero ser grande* (1988), no qual ele faz o papel de uma criança que, por meio de uma misteriosa máquina dos desejos, se torna adulto? No corpo de um adulto, o personagem consegue estabelecer relacionamento com o proprietário de uma grande loja de brinquedos. Ao mesmo tempo, sendo interiormente uma criança, ele proporciona um momento memorável no filme, ao fornecer um feedback detalhado e extremamente útil para a companhia em relação aos seus produtos, que são os brinquedos que ele tão bem utiliza, conhecendo minuciosamente seus pontos fortes e suas fragilidades.

Existem várias formas e canais pelos quais se pode ouvir o cliente. Desde uma ouvidoria, com linha telefônica exclusiva do tipo 0800, passando pela tradicional caixinha de sugestões (que ainda pode ser instalada fisicamente no ambiente da empresa, apesar de o ideal ser oferecer essa ferramenta em forma eletrônica, na página da companhia na internet) e chegando ao monitoramento das mídias sociais e das páginas especializadas em questões de consumidor e aos modernos questionários *on-line*.

Questionários *on-line* são um meio prático, de baixo custo e proativo na busca pelas informações preciosas que o cliente dispõe sobre o produto da empresa. Para isso, é necessária a montagem cuidadosa de uma base de *e-mails*, principalmente dos compradores, sempre com a autorização para o envio de mensagens, a fim de respeitar a privacidade de cada um (não existe nada mais desagradável para o internauta do que receber todo dia aquele amontoado de *junk mails* que ele nunca pediu nem tomou conhecimento de como poderiam saber seu endereço eletrônico. Além de desagradável para o usuário, o envio excessivo de *e-mails* é totalmente inócuo para a empresa, pois esse lixo eletrônico é deletado imediatamente pela grande maioria das pessoas).

A partir de uma base confiável e consistente, a organização pode então fazer a gestão ativa do *feedback*, enviando questionários a seus clientes em diferentes momentos e com distintas finalidades. Podem ser simples mensagens para manter a marca presente na mente do consumidor e recordá-lo de que a companhia quer aprimorar a experiência dele com o produto que comprou. Se for um item de consumo, pergunte-lhe como a utilização do produto ocorreu, se atendeu às expectativas do cliente, se ele sugere alguma modificação nas funcionalidades do produto. Se for uma máquina ou equipamento comprado por uma empresa, identifique o responsável pela compra e também as pessoas que irão utilizá-lo, consultando-lhes sobre questões, como adaptabilidade do equipamento, sua interligação com outros equipamentos e sistemas já existentes na companhia etc. Em ambos os casos, encaminhe algumas dicas de uso e benefícios adicionais que podem ser obtidos. Além de conseguir um *feedback* muito valioso, essa iniciativa transmite ao cliente o compromisso da organização e sua preocupação com o sucesso do consumidor, e não só com o seu. Isso não apenas gera satisfação no cliente, como o transforma num defensor de sua marca.

O importante é manter uma comunicação fluida com o cliente. Uma abordagem adicional de *feedback* pode se aplicar mais especificamente sobre aspectos ligados ao produto ou serviço vendido, consultando o cliente sobre questões bem objetivas, por exemplo: o atendente esclareceu todas as suas dúvidas? O atendente demonstrou conhecimento completo sobre o produto que estava lhe oferecendo? Foi-lhe explicada a política de garantia do produto? Finalmente, considere a possibilidade de oferecer brindes ou recompensas para clientes que se dispuserem a responder a esses questionários. Essa proposta eleva sensivelmente o percentual de respostas obtidas.

Percebemos, entretanto, que, apesar de a decisão estratégica de ouvir a clientela já tenha sido tomada por muitos empreendimentos, as sugestões morrem no meio do caminho, não produzindo, na maioria das vezes, qualquer efeito internamente. É como se diz na linguagem corporativa: estão "dormindo" na gaveta de alguma escrivaninha e, quando alguém tiver tempo, irá se ocupar... Portanto, é preciso implementar controles sobre os *feedbacks* recebidos do público e acompanhar o andamento das sugestões, críticas e reclamações, verificando o tratamento dado até a solução final de cada assunto.

Como primeiro passo, é fundamental que todo *feedback* recebido do cliente seja documentado e passe por uma triagem inicial, em que deverá ser feita a separação por assunto (assim, encontraremos as sugestões e críticas relacionadas ao produto) e deverá também ser atribuída uma classificação a cada uma das informações recebidas, de acordo com sua criticidade (impacto para a organização). Poderá ainda ser atribuída uma catalogação adicional, incluindo efeitos (o que acontecerá se nada for feito) e abrangência (quais os setores, produtos, serviços etc. alcançados).

A triagem e uma análise inicial podem ser realizadas por uma pessoa ou setor encarregado; no entanto, o ideal é que a discussão do problema ou ideia apresentados seja feita por um comitê multidisciplinar, isto é, composto por representantes de diferentes setores da companhia, como produção, financeiro, *marketing* etc.

Finalmente, deverá ser dado um prazo para a solução definitiva de cada assunto. Se o tema apresentar desdobramentos, relacionados, por exemplo, a modificações no produto, na embalagem, nas campanhas publicitárias etc., essas ações deverão ser incluídas no planejamento operacional da empresa. Vale observarmos que a finalidade de um comitê de representantes setoriais é justamente esta: proporcionar uma visão holística do assunto e ter autonomia para tomar decisões e, se for o caso, incluir ações relacionadas ao assunto nos planos da organização, com definição de responsáveis, prazos de execução e verbas orçamentárias. Essa postura confere agilidade e efetividade ao processo, e a voz do cliente vai concretamente produzir resultados para os negócios do empreendimento.

Fidedignidade

Informações corretas sobre o produto obviamente são obrigação de qualquer empresa. Tanto é que, no Brasil, essa necessidade consta expressamente na Lei dos Direitos do Consumidor – Lei n. 8.078, de 11 de setembro de 1990 (Brasil, 1990), que trata sobre a proteção do consumidor e mostra outras providências. Vale a pena reproduzirmos o art. 31, o qual demonstra claramente a importância dada pela legislação brasileira sobre à matéria:

> Art. 31. A oferta e apresentação de produtos ou serviços devem assegurar informações corretas, claras, precisas, ostensivas e em língua portuguesa sobre suas características, qualidades, quantidade, composição, preço, garantia, prazos de validade e origem, entre outros

dados, bem como sobre os riscos que apresentam à saúde e segurança dos consumidores. (Brasil, 1990)

Entretanto, a lei nunca consegue ser suficientemente exata. Sua plena observância e, melhor ainda, a disseminação do benefício imaginado inicialmente pelo legislador (nesse caso, a proteção do consumidor) dependerão, e muito, do comprometimento das pessoas (e empresas) com o bem-comum. Você, por acaso, não terá tentado alguma vez identificar a data de validade de um produto frigorificado? Se já tentou, provavelmente não terão sido poucas as vezes em que teve também dificuldade de encontrar essa informação na superfície de uma cartela de remédio, gravada apenas em baixo relevo, mas sem uso de tinta de impressão. Talvez para quem tenha grande sensibilidade ao tato seja mais fácil, mas para um cidadão comum é extremamente difícil ler essa informação. O mesmo acontece com embalagens plásticas de pães, em que a data está na borda e o plástico é prensado para fechar o conteúdo, ficando diversas estrias em relevo competindo com a informação, tornando quase impossível a decodificação. O consumidor tem de colocar a embalagem contra a luz, levantá-la para o alto, virá-la de ponta-cabeça, do avesso, enfim, fazer verdadeiras peripécias para encontrar o que procura.

A palavra *ostensiva*, presente especificamente no corpo da lei, é, portanto, interpretada de diferentes maneiras pelas empresas, cada qual segundo sua conveniência. Eis mais uma oportunidade de diferenciar-se da concorrência: uma companhia desejosa de alcançar o sucesso nos negócios tem de estar atenta aos pequenos detalhes, pois eles fazem a diferença. Não é possível colocar miúdos do animal com um corte mais macio de carne e apresentar tudo como carne moída de primeira; ainda mais para empresas que operam em larga escala e no comércio internacional, pois um dia alguém percebe. Depois disso, o dano já está feito. Pior do que o prejuízo financeiro é o desgaste na imagem da organização e a consequente perda de mercado.

O termo *fidedignidade* foi escolhido cuidadosamente para ser o título deste tópico. Se você pesquisar no dicionário, verificará que *fidedigno* significa "digno de fé, merecedor de crédito" (Michaelis, 1998, p. 955). Portanto, trata-se da qualidade do que é real, verdadeiro, autêntico e merecedor de confiança. É sobre este último significado que vamos nos deter neste ponto da seção. Quantas são as empresas nas quais você tem absoluta confiança? Quais são as empresas das quais você tem certeza sobre o controle de qualidade da matéria-prima desde sua origem, além do uso e manejo adequado dos insumos no processo produtivo? Você não terá, por acaso, ouvido falar recentemente sobre o uso de trabalho escravo na confecção dos produtos comercializados por grandes companhias de varejo, nacionais e estrangeiras?[1]

Então, confiança é a chave fundamental para o sucesso duradouro dos negócios da empresa. Conquistando-se a confiança do cliente, ele passa a jogar a seu favor, acredita que o preço que você cobra é um valor justo pelo serviço ou produto oferecido e defende e divulga sua marca, como sinônimo de conduta ética e socialmente responsável.

Assim, quanto mais detalhadas, acuradas e úteis forem as informações fornecidas pela empresa ao consumidor, tanto

---

[1] A título de exemplo, *vide* matéria da revista *Exame* (Ayres, 2012).

mais positiva será sua percepção em relação a essa companhia e tanto maior será o seu desejo de fazer negócios com ela.

Valor

O valor de um produto sempre deve ser medido pela percepção que o cliente tem dele e não pela expressão monetária do seu custo ou preço de venda. O valor de uma coisa está no seu significado para alguém e isso pode mudar de pessoa para pessoa, conforme o conjunto de valores e as necessidades que cada um tem na vida. Por isso, os artigos de luxo, que são carregados de significados, principalmente ligados à busca natural do ser humano por *status*, apresentam uma diferença muito maior entre custo de fabricação e valor de venda. Essa margem bruta enorme é dada pelo expressivo significado que o cliente atribui à marca e ao *design*. É o caso típico das joias vendidas por joalherias famosas. São peças artesanais, com assinatura de profissional reconhecido por sua competência e habilidade. Seu valor é muito superior ao material empregado em sua confecção.

De um lado, podemos dizer, genericamente, que os atributos de um produto são classificados em dois tipos: **intrínsecos** e **extrínsecos**. O primeiro grupo engloba as características físicas e funcionais, por exemplo, a textura, o sabor, o material empregado na fabricação, o *design* etc. Já o segundo tipo está relacionado a aspectos externos, como o preço, a garantia, a facilidade de compra (os diferentes canais e sua disponibilidade), o prazo de entrega.

De outro lado, está a percepção do comprador em relação aos custos e benefícios advindos do conjunto de atributos que ele identificou, correlacionou e integrou, avaliando de uma forma total o produto desejado. É uma avaliação que não tem métricas exatas; mas alto grau de subjetividade. Preço é absolutamente comparável; mas e o sabor, a aparência, a cor? A decisão de fechar negócio estará diretamente relacionada à comparação entre a relação custo *versus* benefício percebida no produto oferecido por uma empresa, contra a mesma relação observada na concorrência. Para produtos com características similares, o cliente certamente poderá (e irá) fazer uma avaliação conjunta de todas as ofertas disponíveis, sendo sua decisão de compra favorável ao produto com maior valor percebido.

A empresa ofertante, portanto, deverá se preocupar em identificar quais são os atributos relevantes, desejados pela parte compradora, qual o custo disso para a empresa e quanto efetivamente pode agregar ao valor do produto e estimular positivamente a decisão de fechamento do negócio. Para encerrar, é fundamental lembrar que tanto a visão do cliente como a visão do produto se interseccionam e se integram, e ambas servem de apoio, associam-se e completam-se com a visão de longo prazo.

Todos os princípios elencados na visão do cliente e na visão do produto têm como objetivo indicar as ações que a empresa deve tomar para assegurar o sucesso dos seus negócios, não somente em forma imediata, mas de maneira duradoura, perene. É de transcendental importância, portanto, estar atento a todos os aspectos analisados e discutidos em cada um dos princípios, que, mais do que simples normas ou orientações, devem ser entendidos como um conjunto de padrões de conduta a serem disseminados em todo o âmbito organizacional.

É impressionante como ainda se observa perda de grande quantidade de negócios e de mercado relacionada a questões absolutamente básicas. Problemas associados a falhas nas entregas e vícios nos produtos são os tópicos líderes nas reclamações de clientes.

Não pense que estamos falando de empresas pequenas e sem estrutura. Os dados apresentados se referem a grandes companhias nacionais e estrangeiras, com tradição, experiência e gestão de alto nível. Vale mencionarmos ainda que a insatisfação dos clientes não está ligada a produtos artesanais ou de manufatura simples. A vasta maioria das demandas se relaciona a produtos sofisticados e com alto nível de tecnologia incorporada: eletrodomésticos e eletroeletrônicos. Essas estatísticas estão, portanto, apontando para uma péssima gestão de qualidade no setor industrial, bem como uma persistente deficiência nas áreas de pós-venda das empresas. Notamos que muitas empresas, principalmente as grandes, têm demonstrado, sistematicamente, despreparo e inaptidão para acompanhar o crescimento de suas próprias estruturas de vendas.

Definitivamente, essas empresas não estão conseguindo estabelecer uma visão de longo prazo, integradora das ações de suas diferentes áreas internas em uma gestão harmônica e sustentável e que proporcione a base para a realização de negócios de sucesso ao longo do tempo.

Síntese

Neste capítulo, falamos sobre os princípios para uma negociação de sucesso. *Princípio*, como a própria definição da palavra indica, é o início, a base que antecede o momento específico da negociação com o cliente. Neste capítulo, demonstramos, ainda, a importância de preparar as condições necessárias para se obter um resultado eficaz na negociação. Essas condições são ações e atitudes fundamentais que devem ser disseminadas em todo o âmbito organizacional e dizem respeito a um modo de "enxergar" o negócio da companhia como um todo integrado e harmônico entre as diferentes áreas e equipes de trabalho. Por isso, estão agrupadas em três formas de visão diferentes: a do cliente, a do produto e a de longo prazo.

Pergunta e resposta

1. Entre os pressupostos que a visão do cliente engloba está o princípio da flexibilidade. Isso significa que um bom negociador deve necessariamente curvar-se às exigências da outra parte para poder concluir com sucesso o processo de negociação?

   Embora se diga que *flexibilidade* é a capacidade que a empresa tem de curvar-se rapidamente às demandas inusitadas de seu público – apesar de não haver qualquer previsão, regra ou mandamento no código de normas da companhia, no seu plano estratégico ou no seu manual de vendas –, o que queremos enfatizar aqui é a competência que a empresa precisa desenvolver para sair da sua própria "cartilha", respondendo de forma veloz (porque do contrário vai perder a oportunidade de negócio) a uma demanda não prevista. Como ninguém pode prever tudo, nenhum planejamento estratégico, tático ou mesmo operacional consegue abranger todas as possibilidades de eventos em uma relação comercial, a probabilidade de a organização, ou melhor, de algum funcionário da companhia ver-se diante de uma situação inusitada é muito alta. Estar preparado para esses momentos é perceber que eles são oportunidades de ouro para fechar negócios que, de outra forma, simplesmente se tornarão oportunidades perdidas que ninguém nunca viu, nunca quantificou, mas que certamente poderiam ter contribuído muito para aumentar o resultado final de um negócio. Entretanto, é preciso deixar claro que a flexibilidade negocial está limitada aos padrões de conduta ética e aos limites estabelecidos pelo interesse próprio em jogo. Um negociador não pode ser flexível em situações que afrontem seus valores morais e éticos ou que possam conscientemente trazer prejuízos à parte que representa.

Questões para revisão

1. O encantamento do cliente se conquista com:
   a) a beleza do ambiente.
   b) adornos no produto.
   c) um sorriso.
   d) atributos acessórios ao produto, não esperados, que proporcionem aumento no grau de satisfação com a utilização do produto.

2. Quais são os três diferentes modos de enxergar a atividade comercial, também entendidos como as três **visões** do que uma empresa deve fazer para assegurar o sucesso de suas vendas?

3. Qual dos princípios a seguir não é considerado como parte da visão do cliente?
   a) Cumprir com exigências regulatórias.
   b) Estabelecer o horário de funcionamento da fábrica.
   c) Encantar o cliente.
   d) Ter um diferencial em relação à concorrência.

4. Por que o princípio "Encantar o Cliente" se constitui em um degrau mais acima na Visão do Cliente, em relação ao princípio "Atender às expectativas básicas do cliente"?

5. Qual dos princípios não é considerado como parte da Visão do Produto?
   a) Treinamento (conhecer o produto).
   b) Retroalimentação (adaptação constante do produto).
   c) Cortesia no atendimento.
   d) Valor (atributos intrínsecos e extrínsecos do produto).

Aspectos pessoais e interpessoais na negociação internacional

Conteúdos do capítulo:

- A crescente importância do comércio internacional.
- Desafios para o profissional que deseja atuar além de sua fronteira nacional.
- Perfil desejado para o executivo de negócios internacionais.
- As diferentes dimensões e atributos do perfil do negociador internacional bem-sucedido.

Após o estudo deste capítulo, você será capaz de:

1. perceber a evolução das transações internacionais nas últimas décadas, evidenciando um ambiente que altamente competitivo e demanda um profissional de comércio exterior capaz de rápida adaptação e eficaz;

2. compreender a correlação entre o perfil das pessoas que atuam em comércio exterior e os resultados esperados dos negócios que empreendem;

3. entender que o ser humano não nasce pronto para a negociação, podendo, e devendo, desenvolver e aprimorar habilidades e atitudes que lhe proporcionarão efetividade no mundo comercial;

4. analisar os aspectos inerentes ao relacionamento humano, buscando entender sua natureza e a forma como se processam;

5. identificar a dinâmica do inter-relacionamento pessoal, abordando de modo especial os aspectos inerentes às diferenças culturais;

6. compreender as diferentes dimensões que compõem o perfil desejável a um negociador internacional de sucesso.

3.1 Negociar: atividade humana e coletiva

Como já deve ter ficado claro aos seus olhos, o processo de negociação é construído por pessoas, do início ao fim. Os antecedentes de uma negociação, como vimos no capítulo anterior, são substancialmente dependentes da conexão e da harmonia entre as diferentes áreas de funcionamento de uma empresa. Do *marketing* à produção, do departamento administrativo ao setor de auditoria interna, todas as áreas desempenham um papel único na construção de um negócio de sucesso para a empresa, e tudo o que acontece em cada um desses setores internos de uma companhia é resultado da ação de seres humanos. Calcular, montar, planejar, criar, controlar etc. são atividades humanas, e a maneira como são desempenhadas está diretamente relacionada às características e ao perfil das pessoas que as executam. Por conseguinte, é essencial compreender a correlação entre o rol de atribuições de uma função na empresa e o perfil desejado para a pessoa que vai ocupá-la. No entanto, as pessoas não atuam sozinhas; em consequência, é igualmente relevante analisar os aspectos inerentes ao relacionamento humano e entender sua natureza e a forma como se processam.

3.2 A importância do perfil adequado à negociação internacional

Cresceram rapidamente, a partir da metade do século XX, o volume e a importância da negociação entre compradores e vendedores de diferentes países e, principalmente, de diferentes culturas. Observe, no Gráfico 3.1, a evolução do comércio internacional nesse período.

Gráfico 3.1 – Evolução do comércio internacional 1950-2010, em termos de volume e valor (Escala: ano base 1950 = 100)[1]

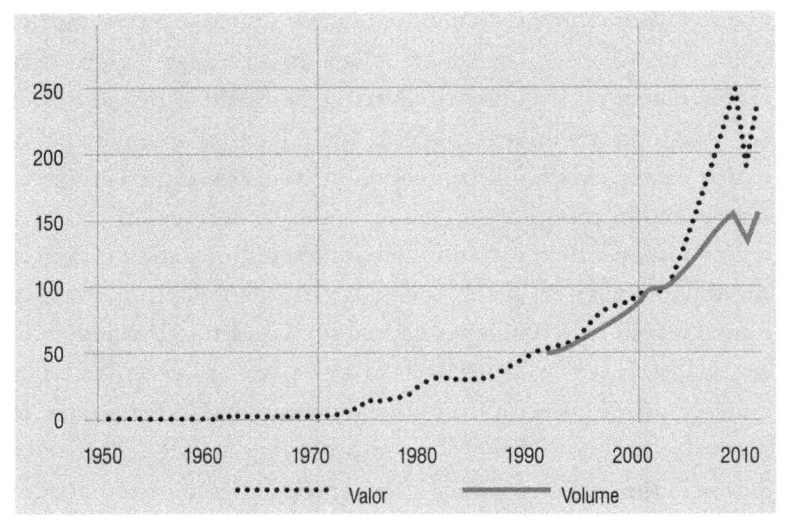

Nota: [1] Tradução nossa.
Fonte: Adaptado de Unctad, 2012.

Entre os principais motivos para a expansão acelerada desse tipo de transação nas últimas décadas, podemos encontrar:

- O robusto fluxo de investimento direto no exterior, com a abertura em larga escala de filiais e subsidiárias de empresas domésticas no exterior, criando polos de fabricação especializados em atender a mercados regionais.
- O aumento da capacidade concorrencial das empresas europeias – provocado principalmente pela reunificação

da Alemanha, pela consolidação da União Europeia, pelo estabelecimento do euro como moeda única e pelo fim da "cortina de ferro" (barreira criada pela então União Soviética para separar os países sob sua influência do restante da Europa) – que permitiu a abertura e incorporação de diversos mercados novos na parte oriental do continente.

- A crescente influência global do Japão, um país anteriormente militarizado e com atuação econômica voltada para si mesmo, que, após a Segunda Guerra Mundial, buscou sua reconstrução com base em um modelo exportador focado inicialmente em produtos de baixa qualidade e que posteriormente evoluiu para uma estratégia de fusões e aquisições além-fronteiras, exigindo que os executivos japoneses superassem as barreiras culturais que há séculos isolavam a nação.

- A ascensão dos Tigres Asiáticos[1] – Coreia do Sul, Taiwan e Cingapura expandiram aceleradamente suas exportações a partir da década de 1980, criando oportunidades de negócio não só com seus vizinhos do Sudeste Asiático, mas com muitos países ocidentais.

- A industrialização dos países emergentes[2], como Irlanda, Brasil, Índia, Indonésia, México e Turquia, representando simultaneamente uma oportunidade e um desafio, pois, ao mesmo tempo que suas empresas se tornaram mais eficientes e competitivas, buscando novos mercados

---

1   *Tigres Asiáticos*: denominação dada a um grupo constituído por Coreia do Sul, Cingapura, Taiwan e Hong Kong, todos localizados no sudoeste da Ásia, que, em um curto espaço de tempo, conquistaram um elevado crescimento econômico.
2   *Países emergentes*: denominação que passou a ser utilizada a partir da década de 1990 para designar nações que apresentavam índices contínuos de crescimento econômico. Em 2003, foi criado o G-20, que uniu os 20 maiores países emergentes do mundo.

no exterior, as negociações nessas e em outras nações que estão experimentando rápido desenvolvimento são muitas vezes complicadas, em virtude de vários fatores. Alguns governos ainda estão preocupados com questões relacionadas a preços de transferência, formação de cartéis e oligopólios por parte de empresas multinacionais e a conflitos entre os interesses nacionais de um país em desenvolvimento e os objetivos globais de empresas multinacionais. Outros inconvenientes estão relacionados a regras inconsistentes e altamente burocráticas, muitas instâncias oficiais para aprovação de determinados tipos de negócio e excesso de poder e falta de controles internos, problemas que têm levado a várias formas de suborno e corrupção.

* A evolução dos setores de alta tecnologia, cuja rapidez e complexidade vêm conduzindo à formação de alianças estratégicas internacionais.

Assim sendo, torna-se dramaticamente importante identificar os atributos desejáveis e necessários àquelas pessoas que desenvolvem as negociações internacionais. Não se trata aqui, obviamente, de estabelecermos uma relação matemática entre qualidades pessoais e resultados, mas certamente há uma forte correlação entre as características que são apresentadas a seguir e o sucesso de uma transação comercial. Quanto mais intensamente estiverem presentes na figura do negociador os atributos apresentados, maiores serão as possibilidades de êxito. Vale ressaltarmos ainda que se trata de características que, embora possam ter um componente de formação genética e cultural, são possíveis de serem aprendidas e desenvolvidas.

A importância do desenvolvimento de um perfil adequado para a negociação internacional é tão grande que a maioria das escolas de negócios, principalmente na Europa, passou a incluir em seus currículos, ao longo das últimas décadas, diversas disciplinas sobre o assunto, com uso de conteúdos vinculados aos campos da psicologia, história, geografia, antropologia e sociologia, principalmente.

Com o propósito de sistematizar os atributos mais importantes de um negociador internacional, agrupamos as habilidades requeridas idealmente para essa função em quatro grandes dimensões:

1. cognitiva;
2. moral;
3. de comunicação e relacionamento pessoal;
4. psicoemocional.

Vejamos cada um desses planos em mais detalhes nas seções a seguir.

3.3 A dimensão cognitiva

A dimensão cognitiva refere-se à capacidade de raciocinar, formar conceitos e resolver problemas usando informações novas ou procedimentos não habituais. O raciocínio compreende a capacidade de tirar conclusões e criar soluções inovadoras por meio da análise das relações entre as condições apresentadas pelo contexto. As habilidades pertencentes a esse grupo estão, portanto, relacionadas diretamente ao conhecimento, à compreensão de um problema ou fato e à formulação de hipóteses e soluções.

A taxonomia de Bloom[3] (Bloom et al., 1956) organizou e sistematizou as habilidades cognitivas que um ser humano pode desenvolver. O Quadro 3.1 resume a definição das seis categorias de habilidades e os comportamentos relacionados a cada uma delas.

Quadro 3.1 – Taxonomia das habilidades cognitivas

CATEGORIA	DEFINIÇÃO	COMPORTAMENTO RELACIONADO
CONHECIMENTO	Recordar ou lembrar de algo, sem necessariamente compreendê-lo, utilizá-lo, ou alterá-lo.	Definir, descrever, identificar, rotular, listar, associar, memorizar, apontar, lembrar, selecionar, afirmar.
COMPREENSÃO	Compreender algo que foi comunicado, sem necessariamente relacioná-lo com qualquer outra coisa.	Alterar, representar, anotar, calcular, mudar, converter, agrupar, explicar, generalizar, dar exemplos, inferir, interpretar, parafrasear, prever, revisar, resumir, traduzir.
APLICAÇÃO	Usar um conceito geral para resolver problemas em uma situação particular; utilizar material aprendido em situações novas e concretas.	Aplicar, adotar, coletar, construir, demonstrar, descobrir, ilustrar, entrevistar, fazer uso, manipular, relacionar, mostrar, resolver, usar.

(continua)

---

3 Extenso trabalho de identificação, avaliação e categorização das habilidades cognitivas, concluído em 1950 por um grupo de especialistas de várias universidades norte-americanas, liderados por Benjamin Bloom, a quem se deve o nome do modelo de taxonomia. Esse estudo é considerado um dos fundamentos no campo da educação e elemento essencial para o desenvolvimento de metodologias de ensino-aprendizagem.

(Quadro 3.1 – conclusão)

CATEGORIA	DEFINIÇÃO	COMPORTAMENTO RELACIONADO
ANÁLISE	Decompor alguma coisa em suas partes; poder se concentrar na identificação das peças ou na análise das relações entre as partes, reconhecer os princípios de organização do todo e seus elementos.	Analisar, comparar, contrastar, diagramar, diferenciar, dissecar, distinguir, identificar, ilustrar, inferir, esboçar, apontar, selecionar, separar, classificar, subdividir.
SÍNTESE	Ler algo novo, colocando peças de diferentes ideias em conjunto para formar um todo.	Misturar, construir, mudar, combinar, compilar, compor, conceber, criar, modelar, formular, gerar, hipotetizar, planejar, prever, produzir, reordenar, rever, dizer, escrever.
AVALIAÇÃO	Julgar o valor de um material ou método, no sentido de como eles podem ser aplicados em uma situação especial; julgar com a utilização de critérios definidos.	Aceitar, avaliar, julgar, arbitrar, premiar, escolher, concluir, criticar, defender, estratificar, priorizar, recomendar, rejeitar, selecionar, apoiar.

Fonte: Elaborado com base em Krathwohl, 2002, tradução nossa.

As categorias estão ordenadas em gradação, isto é, estão listadas de maneira hierárquica, da mais simples para a mais complexa. Cada nível representa um grupo de habilidades mais sofisticado que o anterior, cuja aprendizagem e aplicação exigem um grau maior de esforço e dedicação. O entendimento da importância, da singularidade e da progressividade de cada categoria é fundamental para compreendermos melhor o primeiro grupo de atributos de um bom negociador.

A partir daí, podemos inferir, por exemplo, que ter **fluência em um idioma estrangeiro**, de preferência o inglês, que é a língua universal do mundo dos negócios, permeia os primeiros três níveis de habilidades cognitivas do negociador, isto é, a construção da habilidade de aprender e utilizar idiomas estrangeiros em um processo de negociação tem sua construção iniciada no nível cognitivo de **Conhecimento**, que se define como a capacidade para lembrar de algo sem necessariamente compreender suas inter-relações ou alterar seus princípios constituintes, mas progredindo para os níveis de **Compreensão** e **Aplicação**. Trata-se de níveis mais elevados de destreza, nos quais as informações e conceitos apreendidos de modo geral são utilizados para resolver problemas em situações novas e particulares, em que o negociador já é capaz de agrupar dados, fazer cálculos, explicar termos, dar exemplos, interpretar, resumir e traduzir condições e posições colocadas pela outra parte sobre a mesa de negociação.

Aprender outro idioma proporciona a habilidade de compreender melhor o pensamento de pessoas estrangeiras e o contexto de sua cultura. Sem a capacidade de comunicar e perceber uma cultura de outro país em seus próprios termos, é impossível captar sua essência. Por que isso é importante? Em um mundo onde as nações estão cada vez mais dependentes umas das outras para a obtenção de bens e serviços, a compreensão clara e inequívoca das expressões alóctones é fundamental.

A falta de sensibilidade intercultural pode levar à desconfiança e a mal-entendidos, a uma incapacidade de cooperação, negociação e comprometimento, ações essenciais para o sucesso de uma transação. Compreensão intercultural começa com indivíduos que têm habilidades de linguagem e que podem, assim, prover sua própria nação ou comunidade com uma visão privilegiada sobre culturas estrangeiras, podem entender notícias sobre outros povos diretamente das fontes originais e obter uma perspectiva diferente sobre situações e eventos internacionais em curso. Uma pessoa competente em outro idioma pode estabelecer uma ponte entre empresas de diferentes nações, contribuindo sobremaneira para o entendimento recíproco entre lados que, de outro modo, seriam totalmente estranhos um ao outro, aumentando exponencialmente as chances de êxito em operações de comércio internacional.

À medida que a globalização, a mobilidade internacional e as comunicações evoluem aceleradamente, o mundo está cada vez menor. Já estamos na era da aldeia global, em que é cada vez mais urgente a necessidade de ser competente não só em um idioma estrangeiro básico, como o inglês, mas também é desejável a fluência em outras línguas com participação relevante no comércio internacional, como francês, alemão, espanhol e até mesmo mandarim.

Dominar as características e funcionalidades dos produtos ou serviços do catálogo de vendas é outra capacidade desejada para o bom negociador, que, nesse caso, além de permear os primeiros três níveis de habilidades cognitivas, avança para os níveis de **Análise** e **Síntese**, pois exige do executivo de vendas a capacidade de decompor o conteúdo informacional em suas diferentes partes, identificando e relacionando, quando necessário, partes especificamente vinculadas às necessidades do cliente, sendo competente em reconhecer e analisar os princípios de organização do todo e seus elementos, comparando as particularidades do seu produto ou serviço com propostas concorrentes, estabelecendo novas hipóteses e formulando argumentos inéditos, com vista a persuadir e convencer a outra parte.

Um bom vendedor deve dominar os aspectos técnicos relacionados ao objeto da sua venda. Se estiver transacionando uma impressora, é fundamental que saiba quantas páginas ela imprime por minuto, o consumo de energia, o equipamentos periféricos compatíveis (imprimir diretamente de um *pen-drive*, por exemplo), os requisitos básicos para instalação, o tipo de cartucho utilizado e quantas páginas é possível imprimir com um cartucho, relacionando o consumo com a definição da qualidade de impressão (normal ou rascunho).

> Com efeito, em alguns setores, a importância de conhecer detalhadamente o produto ou serviço que as empresas vendem é tão grande que boa parte dos cargos da área comercial é ocupada por engenheiros ou pessoas com alto nível de formação técnica no campo de atuação daquelas companhias. Imagine, por exemplo, uma empresa que fabrica e vende peças para o sistema de suspensão e direção de veículos pesados. A quantidade de informações relevantes que devem ser de conhecimento do negociador sobre aspectos relacionados à tecnologia utilizada, segurança proporcionada pelo equipamento, durabilidade, especificações de manutenção, compatibilidade com outros equipamentos e diferentes veículos, entre outros, é, além de vasta, extremante complexa em termos técnicos. Agora, imagine isso tudo em uma negociação com empresas de outro país, utilizando-se de um idioma diferente!

Evidentemente, pode acontecer de alguma questão levantada pela parte compradora não ser de completo conhecimento do vendedor. Esse fato, em si, não depõe contra a imagem do negociador e da empresa, desde que seja uma dúvida sobre um ponto extremamente não habitual e, no todo, um conjunto de informações coerente e completo tenha sido apresentado por meio de uma exposição segura sobre o produto ou serviço que está sendo oferecido. O que não é aceitável é desconhecer questões óbvias referentes ao produto, as quais apontam diretamente ao interesse do cliente.

Vamos citar aqui um exemplo real: uma compra de pneus. É provável que você já tenha passado por essa experiência, pois quase todos nós, em algum momento da nossa vida, precisaremos trocar os pneus de nosso automóvel. Você já parou para se preocupar com algumas questões básicas relacionadas a pneus, como aderência ao solo, peso máximo suportável ou durabilidade? Se você já teve preocupações como as citadas no momento de fazer a troca dos pneus do seu carro, terá provavelmente notado como foi difícil obter informações e assessoramento adequado. Existe um padrão universal de nomenclatura de pneus, colocado na lateral do produto, independentemente do fabricante, que identifica as características básicas do produto e permite seu rápido reconhecimento.

Assim, por exemplo, se a banda de um pneu traz estampada a expressão 225/45 16 81 T, esse dado indica que esse modelo apresenta 225 milímetros de largura e faz parte da série 45 (a série ou perfil do pneu indica a relação percentual entre a altura e a largura da secção do pneu: quanto menor for esse número, mais baixo será o perfil do pneu, ou seja, um pneu da série 45 tem um perfil mais baixo e uma aparência mais larga do que um pneu da série 60, e assim sucessivamente) e 16 polegadas de diâmetro interno. Os últimos dois códigos se referem ao índice de carga e de velocidade máximos suportados pelo pneu. Para traduzir esses códigos, é necessária uma tabela de correlação entre os índices e os pesos e velocidades. No caso, o índice 81 significa que o pneu pode ser utilizado até um limite máximo de carga de 462 quilos. A carga do pneu multiplicada por 2 deve cobrir a carga total do eixo do veículo. Por fim, o código T assinala que a velocidade máxima aconselhável para esse modelo é de 190 quilômetros por hora.

É fato observável que a grande maioria dos vendedores do produto não apresenta conhecimento detalhado sobre esses e outros tópicos relacionados às mercadorias que vendem. É verdade que um dos maiores problemas é a grande variedade de marcas e modelos hoje existentes no mercado. Mas esse deve ser um problema para quem vende, não para quem compra! O comprador deseja informações corretas e bem embasadas tecnicamente sobre o produto que deseja comprar, de modo que possa tomar a melhor decisão de compra em função de suas necessidades e preocupações. O vendedor, por sua vez, tem de adquirir o conhecimento necessário para bem atender seu cliente e responder a seus questionamentos e suas dúvidas.

A referência que fazemos neste exemplo diz respeito não somente a pequenas empresas locais de venda de pneus. Esse problema foi detectado mesmo em grandes companhias nacionais de revenda e distribuição do produto. Cabe ressaltarmos que, em várias empresas, encontrou-se um nível razoável e até mesmo bom de conhecimento técnico sobre o produto, entretanto apenas em nível gerencial. Notamos, portanto, que é necessário repassar essas informações às pessoas que lidam com o público diretamente. Há uma grande carência de conhecimento no primeiro nível de atendimento ao cliente.

O mais inusitado ocorre quando o cliente se depara com dois modelos teoricamente diferentes (com código de produto e preços distintos), mas com os indicadores de dimensão e desempenho elencados anteriormente exatamente iguais, isto é, dois modelos fabricados pela mesma companhia, com medidas de largura, série, diâmetro interno, limite máximo de carga e velocidade, tudo exatamente igual entre um e outro, mas com preços diferentes. A pergunta que qualquer cliente obviamente faria seria, então: "Qual é a diferença entre os dois modelos ofertados?".

> Note que um cliente que faz essa pergunta está muito interessado em comprar o produto. Obviamente, ele necessita trocar os pneus do carro. Contudo, perceba que o fator principal da decisão para esse consumidor comprar não é o preço. Antes desse detalhe, ele está certamente preocupado, em primeiro lugar, com segurança e, em segundo lugar, com desempenho. No mínimo, o pretenso comprador espera que a parte ofertante apresente as principais características de um e outro modelo relacionadas a aspectos como: capacidade de frenagem na chuva, resistência ao calor e durabilidade do produto. Entretanto, a resposta que muitos vendedores dão é, no mínimo, frustrante. Muitas vezes, o vendedor simplesmente responde: "Pode ficar tranquilo. Os dois modelos são bons. É um excelente fabricante e os pneus são todos de primeira linha".

Simpatia e bom humor, como veremos mais adiante, também são atributos de um bom negociador, mas é fundamental ter conteúdo! Ninguém irá comprar um produto ouvindo argumentos vazios. Fica óbvio para qualquer um que o vendedor, no caso ilustrado, não é capaz de realizar uma **análise** mais detalhada do seu catálogo de produtos e detém apenas um conhecimento bastante limitado e superficial, suficiente talvez para vender o produto a pessoas não muito exigentes, para as quais colocar qualquer tipo de pneu no veículo resolverá o problema, desde que o carro saia rodando.

Essas são pessoas que sempre decidem sua compra pelo preço, não analisando a relação preço *versus* benefício. Para elas, algo barato é um produto que custa menos que seu similar. Entretanto, se o similar, embora um pouco mais caro, ofereça muito mais, proporcionalmente, em termos de benefícios, essa relação não é percebida. Compradores desse perfil estão, portanto, apenas gastando menos, mas pagando efetivamente mais caro. É importante destacarmos que esse tipo de cliente está em menor número a cada dia que passa, uma vez que o consumidor está cada vez mais exigente, demandando um atendimento de qualidade, objetivo, esclarecedor, que o ajude a tomar a melhor decisão.

Negociadores que querem o sucesso, portanto, devem ter, além de um amplo e profundo domínio (Conhecimento, Compreensão e Aplicação) sobre aquilo que estão oferecendo à outra parte, capacidade de separar e selecionar os dados e as informações disponíveis, apontando alternativas de acordo com os interesses e as necessidades do cliente (Análise), recombinando dados e informações para construir uma nova proposta, mais eficaz em atender às expectativas do cliente e até mesmo superá-las (Síntese).

Para concluirmos o caso iniciado anteriormente, é necessário enfatizarmos que o vendedor deveria ter apresentado informações relevantes sobre as duas opções que estavam sendo analisadas pelo cliente, evitando adjetivos inúteis, que simplesmente atestavam sua falta de conhecimento, e oferecendo dados objetivos e comparáveis que auxiliassem o cliente em sua decisão. Poderia, por exemplo, ter informado que a capacidade de tração de um pneu é o indicativo de sua aderência à pista. A segurança em situações de chuva, portanto, está relacionada diretamente a esse indicador, que pode ser, de maior a menor: AA, A, B e Y. Quanto maior a graduação, maior a capacidade de um pneu parar em uma via molhada em uma menor distância. Poderia, ainda, dizer-lhe que a resistência ao calor de um pneu é dada pela classificação A, B ou C, as quais significam, respectivamente, pneus próprios para áreas quentes, áreas normais e áreas frias.

Finalmente, para arrematar, o vendedor poderia ainda informar que a durabilidade dos pneus, além do uso cuidadoso que o seu proprietário deve manter, está relacionada com uma classificação chamada *treadwear*. A graduação de *treadwear* de um pneu é a parte numérica do Padrão Uniforme de Qualidade de Pneus (UTQG, na sigla original) e deve estar gravada na parte lateral externa do produto. Essa metodologia de classificação foi criada pela Administração Nacional de Segurança no Transporte Rodoviário, vinculada ao Ministério dos Transportes dos Estados Unidos. Números de *treadwear* mais elevados indicam que a banda de rodagem de um pneu e, portanto, o próprio pneu, deve durar mais tempo. Assim, um pneu com *treadwear* de 440, por exemplo, deve durar mais do que um pneu com *treadwear* de 360.

Vale observarmos que o grau de *treadwear* é uma relação, e não um indicativo de quilometragem máxima, pois vários fatores determinam as taxas de desgaste do piso e a maioria deles se dá em função das condições de condução e do ambiente operacional, e não do próprio pneu. Como resultado, o desgaste de um mesmo pneu poderá variar consideravelmente. No entanto, se dois pneus com classificação de *treadwear* diferentes são submetidos às mesmas condições de uso, o produto com *treadwear* maior deverá durar mais.

Todas as informações mencionadas nesse caso são de uso e padronização universal, facilitando, portanto, o trabalho de quem vende e a decisão de quem compra. Basta que a parte vendedora invista na ampliação e no aprofundamento do conhecimento técnico. Além disso, se o negociador tiver a capacidade de sintetizar as diferentes possibilidades e benefícios relacionados à matéria em debate, formulando uma proposta que encontre e supere os anseios e expectativas da outra parte, esta certamente fechará negócio.

Outro atributo do perfil do bom negociador, que perpassa níveis semelhantes de habilidades cognitivas, é a percepção do contexto processual da outra parte, assim entendida a habilidade de compreender como funciona o processo de decisão peculiar de uma empresa com a qual se está negociando ou as práticas comerciais no país onde ela se situa. O negociador com traços fortes nesse atributo lida bem com a ampla variedade de normas, práticas, ritos e costumes inerentes a cada companhia e região com a qual estabelece relação de negócios. Consegue, assim, transitar com eficiência e eficácia em ambientes radicalmente distintos.

> Para ilustrar o heterogêneo universo das decisões corporativas, vale mencionarmos algumas particularidades locais. Na Alemanha, as empresas habitualmente tomam suas decisões de forma colegiada, com a participação de *staff* técnico na discussão, cuja opinião tem forte influência no resultado final. De outra parte, as companhias francesas costumam tomar decisões mais centralizadas e com ênfase em objetivos de longo prazo. Em ambos os casos, as decisões tendem a demorar um pouco mais de tempo para serem determinadas, em função da quantidade de instâncias decisórias e do debate em profundidade das propostas apresentadas. Esses são países em que as pessoas geralmente lidam bem com a existência de conflitos, que acontecem amiúde no processo de negociação e tomada de decisão. Já os executivos norte-americanos e japoneses têm baixa tolerância para sucessivas discussões e entraves que são naturais àquele método.

    Lidar adequadamente com os prazos também compõe a habilidade da Efetividade. Em muitas situações, os atrasos na consecução das diferentes etapas de uma negociação acabam gerando conflitos desnecessários, os quais o negociador habilidoso, com foco em efetividade, consegue evitar. É preciso compreender, por exemplo, que leva mais tempo estabelecer acordos na América Latina e na Ásia do que nos EUA. Executivos de nações mais pragmáticas têm enorme dificuldade em enfrentar situações desse tipo, tendendo facilmente a considerar atrasos como uma estratégia de manipulação por parte do outro lado. Eles não conseguem perceber que, especialmente em nações com culturas decisórias altamente centralizadas, a deliberação final para uma operação somente ocorre após o trânsito do assunto por muitas camadas burocráticas.

Outro atributo importantíssimo que deve estar presente no perfil de um bom negociador é a capacidade de planejamento. Planejar cuidadosamente o processo de negociação do início até o fim, incluindo a etapa de pós-venda, é fundamental para assegurar a continuidade de boas operações comerciais e a perpetuidade da própria companhia. Esse atributo requer ações relacionadas a todas as seis categorias de habilidades cognitivas. O último e mais elevado nível de habilidade cognitiva, a **Avaliação**, é requisito fundamental nessa tarefa, mormente pela necessidade de julgar os resultados obtidos em eventos anteriores, efetuando críticas sobre os procedimentos adotados, rejeitando propostas consideradas inadequadas e priorizando as ações mais bem classificadas para atender aos objetivos comerciais e estratégicos definidos pela administração da companhia. Com efeito, a negociação internacional é vista pelos executivos das mais importantes empresas globais como uma tarefa complexa e sofisticada, para a qual são requeridas pessoas altamente qualificadas.

Entretanto, por incrível que possa parecer, um estudo conduzido pela International Association for Contract & Commercial Management (IACCM), em 2006, apontou uma diferença substancial entre o valor percebido e importância efetivamente atribuída à negociação internacional, que se reflete no baixo nível do investimento que está sendo feito para identificar e desenvolver os melhores talentos profissionais e a construção de uma sólida capacidade organizacional que assegure a continuidade da atuação da empresa nesse ramo. A pesquisa foi realizada via *web* junto a centenas de negociadores internacionais, representando em conjunto 94 empresas, das quais 50 têm receitas anuais superiores a US$ 5 bilhões. O grupo inclui participantes de 26 países e 14 setores econômicos distintos. Como apresentado no Gráfico 3.2, as respostas obtidas nos questionários encaminhados indicaram que apenas 10% do grupo usa algum tipo de metodologia e fontes de pesquisa para planejar a negociação com empresas de outros países. Somente 15% tomam medidas ativas no sentido de considerar potenciais diferenças culturais antes de uma negociação, e apenas um pouco mais de 1% tipicamente se dá ao trabalho de pesquisar os indivíduos com os quais estarão em contato, com o fim de obter um perfil preciso dos representantes da outra parte.

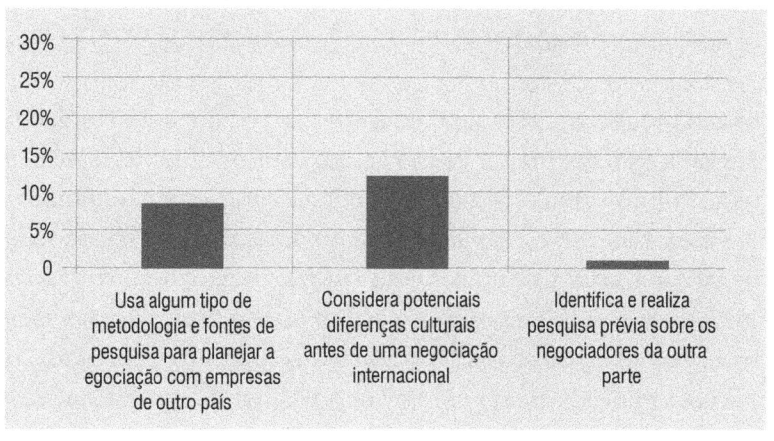

Gráfico 3.2 – Planejamento da negociação internacional

	Usa algum tipo de metodologia e fontes de pesquisa para planejar a egociação com empresas de outro país	Considera potenciais diferenças culturais antes de uma negociação internacional	Identifica e realiza pesquisa prévia sobre os negociadores da outra parte
	~8%	~12%	~1%

Fonte: Elaborado com base em Cummins, 2007, p. 3, tradução nossa.

Percebe-se nitidamente que há pouco investimento por parte das empresas no fornecimento a seus negociadores internacionais de um sólido conjunto de métodos e de ferramentas que permitam assimilar e compartilhar a experiência resultante de transações de comércio exterior comprovadamente bem-sucedidas, além de proporcionar condições para a construção de novos conhecimentos e práticas que visem assegurar maior racionalidade e rigor científico no trato do assunto. À vista do baixo nível de empenho de recursos na preparação técnica das pessoas que irão lidar com as operações internacionais, as empresas parecem acreditar que bons negociadores já nascem prontos, não sendo possível formá-los e aperfeiçoá-los. Essa visão distorcida da realidade precisa ser modificada, pois não só na classe de atributos lógico-racionais, como também nos demais grupos que veremos a seguir, é possível treinar e desenvolver bons talentos profissionais.

3.4 A dimensão moral

Muitas vezes, quando se faz referência ao ofício de vendedor, surge uma forte preocupação com a conduta moral desse profissional no trato dos assuntos relacionados ao seu trabalho. No mercado doméstico, é comum ouvir relatos de experiências negativas da parte de pessoas que realizaram transações no setor imobiliário ou de automóveis usados, por exemplo. No mercado internacional, ouvem-se histórias a respeito de mercadorias não entregues, qualidade inferior à prometida, quantidade de produto faltante etc.

Convém ressaltarmos, mais uma vez, que o tipo de negociação que estamos tratando aqui, desde o início deste livro, é aquela em que todas as partes envolvidas alcançam seus objetivos

> e expectativas. Há benefícios para todos, diretamente relacionados às necessidades e interesses de cada interveniente. É o que se costuma chamar de *negociação integrativa*, em que o todo, isto é, o resultado final da negociação para todos os participantes do processo, é maior que a soma das partes. Dito, de outra forma, significa que o que se acrescenta de benefício para um lado não diminui as vantagens da outra parte.

Negociadores éticos não pensam apenas sobre o que podem obter em uma negociação, mas também sobre o que podem dar à outra parte. Dessa forma, eles assumem uma visão de longo prazo e sabem que um cliente que sai satisfeito de uma transação comercial, com o sentimento de haver sido atendido em seus objetivos e expectativas, estará muito mais disposto a voltar e fazer novas operações no futuro.

Entretanto, para que isso aconteça, é necessário que o processo, em toda sua extensão, desde o planejamento da oferta, passando pelo setor de produção, embalagem, entrega e cobrança, seja realizado por profissionais com sólidos atributos morais. Em suma, o que estamos querendo afirmar é que **toda a empresa**, e não somente o negociador, deve estar imbuída do mesmo espírito.

Para isso, é preciso haver, em primeiro lugar, coordenação e sincronia entre as diferentes atividades e setores da organização. Muitas vezes ocorre de um departamento da empresa criar expectativas que outro setor não pode cumprir. Um exemplo é o departamento de *marketing* de uma empresa de *software* lançar uma grande campanha publicitária para um novo produto antes de os desenvolvedores do aplicativo haverem concluído todos os testes de implementação, a fim de identificar falhas de programação e possíveis *bugs*[4]. A empresa é forçada a escolher entre a venda de um produto defeituoso ou a introdução dele mais tarde do que o prometido.

> Uma situação de semelhante natureza aconteceu com a American Airlines em 2003 (Eccles; Newquist; Schatz, 2007), quando a campanha estava tentando evitar a falência. Ao mesmo tempo que estava negociando uma importante redução de salários com o sindicato representante dos seus funcionários, seu conselho de administração aprovou um generoso bônus para os gerentes seniores da companhia e uma vultosa contribuição para um fundo fiduciário projetado para proteger as pensões dos executivos em caso de falência da empresa. No entanto, essa informação não havia sido repassada ao sindicato. Quando o assunto veio à tona, houve um descrédito geral na possibilidade de haver acordo entre os funcionários e a direção da companhia. Quebrou-se a confiança entre as partes, pela falta de ética e transparência na condução dos negócios da organização.

Cabe à administração geral de uma companhia, em primeiro lugar, incorporar valores morais e éticos, adotando, na sequência, procedimentos internos de valorização e incentivo a esse tipo de qualificação, e não somente premiar seus colaboradores com base em indicadores financeiros de desempenho. Há que se estabelecer e consolidar uma cultura organizacional amparada em valores éticos, em que a honestidade seja o comportamento normal e o oportunismo passe a ser considerado

---

4   Expressão da língua inglesa, sem tradução para o português e que significa "erro no funcionamento de um programa de computação, que pode provocar resultados totalmente inesperados no processamento dos dados".

uma atitude repulsiva, condenada e proscrita como prática corporativa desleal.

Então, a empresa deve fazer isso apenas porque é politicamente correta? Na verdade, não. A empresa deve fazer isso porque irá beneficiar a si mesma, na medida em que valores morais firmam raízes sólidas e duradouras no íntimo de cada funcionário. Os benefícios advêm não só de maiores e melhores negócios que serão realizados com outras companhias, mas também pela prática interna da lealdade e do respeito, que contribuirá para um melhor ambiente de trabalho, gerará mais produtividade e reduzirá substancialmente as possibilidades de fraudes e desvios na própria empresa. Portanto, o cultivo de firmes atributos morais com os colaboradores de uma companhia é o alicerce sobre o qual se fundamentará sua reputação.

> A reputação de uma empresa é essencial a sua sobrevivência. A confiança do cliente, e, consequentemente, sua preferência em desenvolver transações comerciais com uma companhia, estão relacionadas diretamente a esse fator. Empresas recentemente abaladas por escândalos referentes a condutas pouco éticas por parte de seus funcionários, como a Petrobras no Brasil, tiveram elevado volume de perda de negócios e retração substancial no valor de suas ações negociadas em bolsa. Nos Estados Unidos, os registros contábeis propositalmente incorretos de diversas operações realizadas pelas companhias Enron, sétima maior empresa do país e uma das maiores do mundo no setor de energia, e Worldcom, uma gigante norte-americana do setor de telecomunicações, levaram a sua falência completa e à extinção da empresa de auditoria contábil Arthur Andersen (Horta, 2002).

Reputação é um conceito intangível, mas que produz uma quantidade muito grande de benefícios para uma organização, não só associados à preferência dos consumidores e ao consequente volume maior de negócios resultantes, mas também à garantia de simpatia e apoio da sociedade, legitimando-se como entidade útil ao meio em que se encontra, tendo suas atividades reconhecidas como positivas e responsáveis, alicerçadas por um sólido padrão de conduta ética. E tudo isso se reflete no valor de mercado da companhia.

Se uma organização tem uma boa reputação no mercado, isso certamente terá um peso favorável na preferência dos consumidores. Se há concorrentes oferecendo os mesmos produtos ou serviços, a reputação de uma organização poderá ser o fator principal na decisão de compra de seu produto. Assim, em mercados altamente competitivos e com baixo nível de diferenciação das mercadorias, uma boa reputação pode permitir a uma companhia praticar preços *premium* ou pode ser o fator decisivo para a escolha do cliente.

A construção de uma boa reputação é um processo lento, trabalhado de maneira incansável pela administração e pelos funcionários de uma companhia. Organizações desejosas de estabelecer uma reputação firme e sustentável no tempo devem desenvolver a confiança como base do seu relacionamento com outras entidades e clientes. Para isso, as empresas devem manter a palavra, não importa o que tenha sido prometido em termos de prestação de serviços, prazos de entrega ou data de pagamento, e jamais deixar de atender a qualquer compromisso assumido, até mesmo um brinde prometido à secretária de um cliente ou um telefonema de retorno sobre alguma dúvida, mesmo depois de fechado o negócio.

Em um segundo estágio, é preciso aprender também a assumir e resolver os erros cometidos, sejam da gravidade que for. Nunca apresente desculpas para um esquecimento ou falha sua. Atribuir a responsabilidade a outra pessoa (como a telefonista, por exemplo) não é uma prática leal. Mais cedo ou mais tarde, a outra parte se dará conta de sua conduta pouca ética. Também não coloque a culpa em velhos e tradicionais réus, como o trânsito, por exemplo. Se você chegou atrasado a um compromisso, a culpa não é do trânsito, pois todo mundo sabe que ele está engarrafado o tempo todo nas grandes cidades. É melhor assumir que você saiu um pouco mais tarde, ou calculou mal o tempo para chegar ao destino. Sua sinceridade seguramente vai gerar um sentimento de empatia e consideração da outra parte e contribuirá para estabelecer uma relação alicerçada na honestidade e na confiança. Mas é imperativo que essa sinceridade seja utilizada também nas situações de grandes erros. Embora admitir falhas clamorosas não seja uma tarefa muito fácil, porque, em geral, temos medo das consequências e retaliações que disso possam advir, é fundamental ser honesto nas questões pequenas e nas grandes também.

> Honestidade não é uma virtude graduável, isto é, não podemos ser pouco ou muito honestos – ou somos honestos ou não somos. Honestidade não significa apenas um comportamento correto no que se refere a valores e quantidades negociados, diz respeito também ao uso permanente e sistemático da verdade.

Outro atributo importante a ser cultivado internamente na organização é o respeito à privacidade, dos clientes e dos próprios colaboradores. Esse é um tema que vem tendo grande repercussão ultimamente e gerado alto nível de insatisfação em relações comerciais. Se você pediu dados a um cliente para fins de cadastro e estabelecimento de limite de crédito, use as informações apenas para essa finalidade, mantendo-as em absoluto sigilo. Mesmo informações simples, como o *e-mail*, ou endereço comercial, jamais devem ser compartilhadas com terceiros, mesmo que sejam empresas do próprio grupo, a não ser que o cliente autorize isso expressamente.

Certamente, será muito mais fácil alcançar bons resultados em uma negociação se você tiver uma reputação de retidão moral, honestidade e disposição sempre a fazer a coisa certa. Se a outra parte não percebê-lo você dessa maneira, estará menos disposta a fazer concessões ou até mesmo a iniciar uma negociação. Então, construir e preservar uma boa reputação por agir sempre de forma ética é a chave para uma negociação bem-sucedida.

Entretanto, nem sempre será tarefa simples descobrir qual é o posicionamento mais correto sob o ponto de vista da ética, principalmente no mundo dos negócios, no qual o resultado econômico é fator substancial para qualquer uma das partes. Stark e Flaherty (2003) apresentam dez dicas que podem ajudar muito um negociador a construir o processo da sua negociação firmemente alicerçado em fundamentos éticos:

1. **Saiba o que não é negociável.** Em um trabalho com funcionários de um banco foi colocada a seguinte pergunta: "Quanto você pode roubar deste banco antes de ser demitido?". A questão sempre atrai uma risada, porque, naturalmente, todo mundo sabe que quem rouba um banco seria demitido imediatamente. Isso simplesmente não é algo negociável. É importante saber o que é ou não negociável.

2. **Seja honesto.** Em uma negociação, sempre que você é ético e honesto, mesmo que lhe custe algo, você ganha pontos. Por exemplo: se a outra parte cometeu um erro em uma fatura comercial e isso lhe proporcionou alguma vantagem, você deve informá-la, para que a correção seja feita.
3. **Mantenha as suas promessas.** Na ânsia de fazer uma negociação avançar, você pode, por vezes, fazer promessas e concessões que não tinha planejado fazer. Você demonstra sua ética quando cumpre essas promessas, mesmo havendo se arrependido de tê-las feito algum tempo depois.
4. **Tenha várias opções.** Negociar com várias opções ajudará você e a outra parte a alcançar uma posição em comum. Se alguém propõe uma opção que você sente ser aética, você estará pronto para apresentar outra possibilidade, amparada em valores éticos, sem precisar retirar-se da negociação. Às vezes, você pode encontrar negociadores que têm um pensamento unilateral, com apenas uma opção, ou a negociação se encaminha à maneira deles, ou nada. Nesses casos, se a proposta não for ética em sua opinião, você tem apenas uma opção: desistir do negócio.
5. **Esteja preparado para dizer "não".** Alguns negociadores se mantêm bastante confortáveis, mantendo o olhar firme sobre a outra parte, mesmo sendo necessário dizer "não" quando sentem que algo não está certo. Outros temem que dizer "não" possa parecer confrontador, mesmo quando a proposta não parece ética. Mais tarde, acabam se arrependendo de concordar com a proposta. Estar disposto a dizer "não" a algum detalhe que não está certo é

fundamental para manter um padrão ético no ambiente da companhia e na sua relação com os parceiros.
6. **Estar familiarizado com a lei.** A ignorância da lei não é uma boa desculpa para um comportamento aético. Em caso de dúvida sobre a lei que regula algum aspecto de sua negociação, faça uma pesquisa mais detalhada ou contrate um especialista.
7. **Jogo aberto, dentro e fora da empresa.** Em uma situação do cotidiano, uma empresa estava conduzindo uma negociação bastante delicada e com sérios riscos de não ter sucesso, quando uma pessoa do grupo sugeriu não informar outra divisão sobre as ações que estavam sendo planejadas. Um colega, então, disse: "Isso só cheira mal". O que ele estava dizendo era que agir da maneira descrita simplesmente não era correto. Contar aos membros da outra divisão o que se estava planejando, mesmo sabendo que haveria uma inflexível oposição, era a coisa certa a fazer.
8. **Pratique o conceito de "sem surpresas".** Surpresas são bem-vindas em situações muito específicas de preferências na vida pessoal de cada um. Em uma relação negocial, não deve haver surpresas, qualquer que seja sua conotação. Seria lamentável se o seu cliente enxergasse de uma maneira negativa uma informação que não foi fornecida a ele, embora você a achasse irrelevante. Certificar-se de que tudo foi dito e apresentado em uma negociação reduzirá as chances de um lapso ético.
9. **A regra de platina.** A regra de ouro nos diz para tratarmos as pessoas da forma como gostaríamos de ser tratados. A regra de platina diz para tratarmos as pessoas da

maneira que elas querem ser tratadas. Demonstrar preocupação com os interesses e as necessidades de seus parceiros revela que você quer tratá-los da maneira que eles querem ser tratados. Isso ajuda a construir relacionamentos de longo prazo com base na ética e na confiança.

10. **Esteja disposto a eventualmente se retirar de uma negociação.** Em algumas ocasiões, não restará alternativa senão retirar-se. Se a outra parte não está conduzindo o processo de acordo com os padrões éticos que você espera, a melhor coisa a fazer é encerrá-lo e partir em busca de novas oportunidades.

3.5 A dimensão de comunicação e relacionamento pessoal

Colocamos no mesmo grupo os atributos de comunicação e de relacionamento interpessoal porque nos parecem parte um do outro, íntima e inexoravelmente conectados. A nosso ver, não é possível estabelecer uma boa comunicação com outras pessoas se não forem desenvolvidas habilidades de relacionamento e, inversamente, podemos afirmar que não se consegue desenvolver um relacionamento no âmbito dos negócios, da família, da escola, do clube, do condomínio onde você mora, se não houver treinamento e aperfeiçoamento destinados à comunicação correta de ideias, posições, argumentos e até mesmo sentimentos.

Comunicar implica, antes de falar, **ouvir**, que, por sua vez, não significa simplesmente ficar quieto enquanto outra pessoa está falando. O bom ouvinte somente desenvolve essa capacidade com muito esforço. É necessário mais do que um simples ato físico: é preciso empregar um forte esforço intelectual e emocional. Para se obter uma apreciação completa da outra pessoa e do que ela está dizendo, é preciso fazer perguntas de esclarecimento, dar *feedback* sobre o entendimento que se está tendo do assunto exposto, observar a linguagem do corpo do seu interlocutor, permanecer focado no tema e avaliar objetivamente o que está sendo afirmado (não apenas expressamente, mas também de maneira tácita) pela outra parte e suas implicações nas possibilidades de negócio que se deseja manter com o interveniente.

Ouvir é, ao mesmo tempo, um gesto de compromisso e de cortesia. É um compromisso no sentido de colocar-se disponível para entender o que as outras pessoas sentem, como elas veem o seu mundo; é uma cortesia porque, ao se proceder dessa maneira, está-se dizendo para o outro: "eu me importo com você e com o que lhe acontece". Se você quer ganhar a atenção e a confiança de alguém, ouvir é mais importante do que falar. Um ouvinte atento atrai as pessoas; um ouvinte distraído ou indiferente faz com que elas se afastem.

Uma boa estratégia para desenvolver a habilidade de ouvir e, consequentemente, de comunicar-se de maneira mais efetiva consiste em garantir que o ambiente onde se realizará a reunião seja um lugar tranquilo, de uso privativo e confortável, onde todos possam estar próximos, manter contato visual e prestar atenção no que está sendo dito, sem distrações externas. Naturalmente, é importante estar atento não só à linguagem verbal, como também aos gestos e posturas apresentados pelos participantes. O que as pessoas fazem com os olhos, rosto, mãos, braços e pernas envia sinais que lhe permitem identificar se elas estão interessadas e compreendendo o que você está dizendo.

De modo inverso, quando você envia sinais claros, através de pequenos gestos com a cabeça, por exemplo, de que está prestando total atenção ao outro, isso aumenta a intensidade da conexão interpessoal e permite avanços significativos no processo da negociação. Finalmente, a regra básica mais importante para ser um bom ouvinte é efetuar qualquer julgamento somente após ter ouvido tudo o que a outra parte tem a dizer, confirmando eventuais pontos obscuros e dúvidas, e avaliando criteriosamente o que foi colocado. Jamais bloqueie a recepção de qualquer mensagem com base em um pré-julgamento do emissor ou do conteúdo da mensagem.

Podemos, portanto, afirmar que, na base do conjunto de atributos tratados na dimensão descrita nesta seção, está a qualidade da **sensibilidade**. Ser sensível implica perceber de maneira profunda, e sob diversos ângulos, o mundo à sua volta e as pessoas que dele fazem parte e, a partir dessa percepção de caráter universalista, poder compreender as necessidades e os interesses dos outros indivíduos.

A comunicação torna-se mais efetiva à medida que utilizamos uma linguagem adequada ao receptor da mensagem. Somente conseguimos empregar a linguagem adequada com cada pessoa com a qual queremos estabelecer um relacionamento se soubermos olhar o mundo com os olhos delas, com a sua lente. Dessa forma, a linguagem a ser utilizada com uma senhora idosa da Califórnia, de olhos miudinhos atrás dos óculos e cabelo amarrado em coque, presidente de uma associação de entidades de assistência aos desamparados, que está coordenando a compra de 10 mil cobertores de lã do Brasil, será diferente da linguagem que a ser aplicada nas negociações com um senhor texano, de chapéu de aba larga e cinto com fivela dourada na cintura, dono de uma empresa de equipamentos para extração de óleo e gás, que está mantendo contatos com empresários do nosso país para importar parafusos de aço a serem utilizados em um dos produtos que fabrica.

O atributo da sensibilidade, portanto, é subjacente ao desenvolvimento da comunicação com os outros e ao estabelecimento da relação interpessoal, da mesma forma que a **empatia**. Essas duas qualidades andam, em geral, juntas, e o que as diferencia é apenas o fato de que a sensibilidade tem caráter mais genérico, e a empatia, mais específico.

A empatia nos coloca no lugar do outro, fazendo-nos sentir e pensar exatamente como ele, imergindo em seu mundo íntimo, compreendendo como funciona sua mente, do que gosta e do que não gosta. Essa atitude permite que um negociador possa construir uma solução alternativa em uma situação de impasse no processo. É um diferencial enorme conseguir elaborar uma proposta que acrescente valor à outra parte, isto é, que gere benefícios e atenda às expectativas do outro, sem diminuir valor para o próprio lado. Isso somente é possível se o negociador tiver desenvolvido suficiente empatia para compreender de maneira clara a posição do seu cliente e todos os aspectos intrínsecos e extrínsecos, aparentes e subjacentes, relacionados à negociação.

Esses dois atributos, sensibilidade e empatia, permitem ao negociador desenvolver maior tolerância e respeito à diversidade de pensamento e conduta das outras pessoas. Essa postura é particularmente importante na negociação internacional, em que os matizes socioculturais produzem diferenças acentuadas de estilo de vida e, consequentemente, na maneira de fazer comércio. A consciência de que o outro negociador tem um estilo pessoal próprio, determinado por sua história de vida e seu *background* social, surge a partir do momento em que se começa a desenvolver a virtude da empatia e que esta se torna elemento fundamental para iniciar a construção de um processo de negociação bem-sucedido.

Com base nesses fundamentos, o negociador desenvolve uma "educação comercial", isto é, um conjunto de habilidades e atitudes que lhe permitem tratar com pessoas de diferentes personalidades, superando tendências naturais à radicalização de posições e evitando confrontos e divergências inúteis, sem, contudo, abdicar dos princípios próprios da boa prática comercial, rejeitando habilmente posições contrárias à ética dos negócios, à moral e aos bons costumes.

A capacidade de compreender intimamente o outro lado, bem como a habilidade de expressar pensamentos, ideias e argumentos em uma linguagem clara, objetiva e relacionada com o universo do receptor, evolui, então, para um dos maiores atributos necessários ao bom negociador: a **persuasão**.

Persuasão não deve ser entendida como a capacidade de convencer a outra parte a qualquer custo e de qualquer maneira, isto é, persuasão não é a capacidade de convencer um esquimó a comprar uma geladeira. Dessa forma, estaríamos nos contradizendo e ferindo um dos pilares mais importantes do processo da negociação, qual seja o de que o resultado da transação tem de acrescentar benefícios para ambas as partes. "Empurrar" um produto do qual o cliente efetivamente não precisa não é, definitivamente, o tipo de negociação de que estamos tratando aqui.

Persuasão é uma habilidade que trata justamente do contrário: demonstrar à outra parte, com base em argumentos verdadeiros e comprováveis, que ela terá benefícios em realizar operações comerciais conosco.

Nesse sentido, a pessoa persuasiva sabe que forçar seu próprio ponto de vista sobre a outra parte não produzirá resultados duradouros, e por isso é necessário ouvir. Ouvir, como dissemos anteriormente, de maneira autêntica, com o intelecto e o coração, identificando, de maneira clara e efetiva, os interesses e necessidades do outro, entendendo inequivocamente seus argumentos e tornando-se, dessa forma, capaz de articular sua proposta de maneira convincente.

Com efeito, *persuadir* significa "convencer", mas convencer a partir de uma retórica realista e coerente com a realidade do cliente, ainda que, na persuasão, utilizem-se elementos com forte composição psicoemocional, como o bom humor, a simpatia, a paciência, a flexibilidade e a perseverança (que veremos em mais detalhes no tópico de atributos psicoemocionais): O mais importante é a fundamentação prática e objetiva dos argumentos a serem apresentados à outra parte; do contrário, será manipulação, que já tratamos em capítulo anterior, e não persuasão.

A persuasão, portanto, embora revestida por atributos de nível psicoemocional, que lhe conferem maior capacidade para induzir a decisão da outra parte, deve conter, em seu núcleo, sólidos aspectos técnicos, necessários para conferir credibilidade à proposta e ao proponente, e assegurar a sustentação do relacionamento comercial no longo prazo.

Finalmente, vale a pena ressaltarmos que uma pessoa persuasiva tem de usar essa habilidade de maneira moderada e oportuna, isto é, não deve pressionar a outra parte todo o tempo, ainda que com argumentos válidos. É preciso dar um tempo para que o outro lado avalie, consigo mesmo e com sua equipe, as condições e os benefícios que estão sendo oferecidos. Urgência e imediatismo são, em geral, os piores inimigos da persuasão. É importante saber a hora certa de interferir e o momento em que é preciso simplesmente calar e deixar a outra parte pensar um pouco.

Muitos vendedores acreditam que apressar o processo e forçar uma decisão rápida da outra parte pode evitar a perda do negócio, pois, se for concedido muito tempo para o cliente pensar no assunto, surgirão novas dúvidas, deixando-o indeciso e, eventualmente, ele poderá chegar à conclusão de que seria melhor aguardar mais um tempo para fechar o negócio. Essa é uma forma equivocada de raciocínio, pois, na maioria das vezes, a complexidade da operação requer tempo para uma análise adequada. Não entender esse fato e pressionar as pessoas que se quer persuadir é uma escolha errada, destruindo o maior benefício que pode advir de qualquer negociação, que é o fortalecimento dos laços comerciais e a certeza de fazer novos negócios no futuro. Apresente à outra parte sua proposta e, por sua iniciativa, proponha um intervalo no processo de negociação, para que eles possam pensar com calma no assunto e tomar a melhor decisão, sem arrependimento posterior. Essa postura irá gerar simpatia, confiança e credibilidade e, se os seus argumentos forem coerentes, esse será o caminho mais rápido para a persuasão.

Finalmente, para concluirmos este grupo de atributos, não poderíamos deixar de falar da importância do *networking*. **A capacidade de construir uma rede de relacionamentos pessoais** está, seguramente, entre as qualificações mais desejáveis para qualquer negociador, mais ainda para aquele que desenvolve operações além das fronteiras nacionais.

Quando nos referimos a uma rede de relacionamentos, não estamos tratando apenas de profissionais da mesma área de atuação, pois uma rede de relacionamentos altamente eficaz deve incluir todos os tipos de profissionais. Pessoas de fora da comunidade de negócios também podem ser contatos muito valiosos, como um cientista, um professor, um comunicador etc. Ao desenvolver o plano de formação de uma rede de contatos, é importante pensar além das pessoas que normalmente encontramos nos eventos comerciais. Algumas das ligações mais importantes não são pessoas de negócios. Quanto mais diversificada e universalista for a agenda de contatos de um negociador, maiores serão as probabilidades de conseguir o apoio certo na hora certa.

O primeiro passo para se construir uma rede de relacionamentos sólida e confiável é saber como se apresentar de forma concisa e objetiva. Aprenda a "vender seu próprio peixe" em trinta segundos. Está pensando que isso é um exagero? Não! Esse é o tempo que você normalmente terá disponível em eventos, reuniões e outros encontros, sociais ou comerciais, para usar a palavra com a pessoa que lhe interessa sem ser interrompido por outro participante. Quantas vezes já não lhe aconteceu de você estar querendo conversar um assunto relevante com alguém em um evento e ser interrompido várias vezes por outros convidados, que também querem conversar com seu interlocutor? Afinal, se você o escolheu para fazer seu *networking* é porque ele tem importância e, muito provavelmente,

> várias outras pessoas também pensaram da mesma forma. Você certamente não terá a atenção integral da pessoa em questão por muito tempo. Por isso, seja rápido e certeiro!

Essa estratégia de apresentação é o que se costuma chamar de *elevator pitch*, isto é, "conversa de elevador". A expressão reflete a ideia de que deve ser possível entregar uma quantidade importante de informações, relacionadas à sua profissão, ao produto ou serviço que vende e à organização que representa no espaço de tempo de uma viagem de elevador. O termo efetivamente evoca um cenário de um encontro casual com alguém importante no elevador. Se a conversa dentro do elevador naqueles poucos segundos é interessante e o interlocutor percebe valor no que foi dito, a conversa certamente terá continuidade em outro momento, mediante troca de cartões de visita ou, até mesmo, um agendamento de reunião ou visita de cortesia.

Você conseguirá formar e consolidar uma rede de relacionamentos somente se as outras pessoas perceberem em você algum diferencial que as estimule a aceitá-lo e mantê-lo como contato delas. É essencial, portanto, identificar em sua pessoa seus melhores atributos e conquistas profissionais, reforçando esses aspectos na mensagem que você transmite aos outros. Pense: o que é diferente ou especial sobre você, em comparação com todos os outros? Se não há diferença, você deve encontrar uma maneira de criar uma.

Às vezes, isso é apenas uma questão de redefinição ou colocar uma ênfase diferente no que você já é e já faz. O seu diferencial deve representar algo que atraia a atenção das pessoas, algo que lhe torne único no meio da multidão. Essa singularidade pode ser, por exemplo, uma vantagem de mercado.

Olhe para os seus concorrentes, fale com seus clientes e descubra os pontos fortes que você tem. Pense de uma maneira assertiva quando faz essa autoanálise e se expressa a seu próprio respeito e de seus objetivos. Seja realista, é claro, mas almeje sempre ser o melhor e liderar em algum campo da sua especialidade ou do mercado em que opera. Essas características, que refletem sua dedicação ao trabalho e seu desempenho profissional, lhe tornam uma pessoa diferenciada e devem brilhar em seu *elevator pitch*, sendo utilizadas, de maneira habilidosa, em encontros posteriores, quando o contato inicial se desdobrar em um processo de negociação.

Entretanto, ainda há um ingrediente fundamental para fazer sua rede de relacionamentos fortalecer-se e produzir resultados: você deve dar para receber. Seja útil aos outros e certamente você receberá apoio e ajuda quando necessitar. Seres humanos são extremamente complexos; por isso, muitas vezes, não é possível identificar e compreender exatamente como e por que eles ajudarão. É necessário confiar que atos de bondade e gentileza produzem um comportamento de reciprocidade, mesmo que isso leve algum tempo. Mesmo que você não receba a mesma medida de ajuda e apoio que deu a outras pessoas, atitudes generosas e colaborativas são normalmente lembradas e se propagam pela rede de contatos, ajudando a consolidar sua reputação e estabelecer confiança. Quanto mais você priorizar a ajuda aos outros, mais você se torna conhecido como uma pessoa útil. A quantidade de informações sobre você se espalha, seu nome é mencionado mais vezes e sua reputação cresce.

Importa ressaltarmos, contudo, que a atitude de ajudar os outros se estende muito além de sua especialidade profissional. É algo que tem de ser feito com sinceridade de propósito. *Networking* é um sistema complexo de relacionamento interpessoal que possibilita acessos e interações de alta qualidade e com potencial de ótimos resultados para os participantes, mas não há como separar o pessoal do profissional. O sistema transcende sua especialidade técnica, a empresa para a qual você trabalha e o clube que você frequenta. *Networking* inclui todas as dimensões da sua vida. Por isso, é importante agir de forma coerente e harmônica nas diferentes situações que a vida cotidiana nos apresenta, apoiando-se no espírito colaborativo, na conduta ética e no trabalho competente.

3.6 A dimensão psicoemocional

O conjunto de atributos psicoemocionais de um negociador é determinante para o desfecho positivo de um processo de negociação. Por melhores e mais eficazes que tenham sido as habilidades cognitivas, morais e de relacionamento, se não estiverem presentes atributos essenciais relacionados à dimensão psicológica dos participantes, o resultado de uma longa e laboriosa série de reuniões comerciais pode ser um inesperado e estrondoso fracasso.

Com efeito, o negociador deve apresentar **estabilidade emocional**, elemento que se caracteriza por uma firme sensação de segurança interna bem como uma vigorosa capacidade de lidar com situações tensas. Geralmente, é mais estressante negociar com estrangeiros do que com pessoas da mesma nacionalidade.

Negociadores internacionais qualificados mantêm um alto nível de autocontrole e conseguem conduzir o processo estritamente inserido na racionalidade que lhe cabe.

Entretanto, é importante ressaltarmos que a emoção é parte integrante e essencial da experiência humana e, portanto, inerente à negociação. Em certo sentido, podemos afirmar que a emoção intercomplementa a razão e a tomada de decisão. A ausência de emoção pode ter um efeito perturbador sobre o andamento das negociações tão forte como uma manifestação emocional negativa. Com efeito, suprimir emoções pode até mesmo prejudicar a capacidade cognitiva.

Há ainda outras razões para não ignorarmos ou suprimirmos as emoções, pois elas desempenham vários papéis importantes: motivam-nos a agir; fornecem-nos informações relevantes sobre nós mesmos e sobre a outra parte; ajudam a organizar e aperfeiçoar nossos processos cognitivos. As emoções podem efetivamente contribuir para melhorar o processo e o resultado de uma negociação, quando entendidas e utilizadas de forma estratégica.

A emoção que exibimos fornece informações para os outros, que podem ser um incentivo ou impedimento para o seu comportamento. Em particular, as emoções positivas servem como um reforço para manter o curso da negociação, estreitando o relacionamento e aumentando as chances de obter bons resultados.

De fato, a estabilidade emocional nada mais é do que a capacidade de identificar e administrar as próprias emoções, com o objetivo de alcançar o melhor desempenho possível em uma situação. Atitudes ou expressões descomedidas podem colocar todo um trabalho de meses a perder; portanto, nunca esqueça que uma pessoa é senhora do seu silêncio e escrava de suas palavras. Aquilo que foi dito sem pensar pode até ser retirado posteriormente, mediante um pedido formal de desculpas, mas nunca será esquecido e, eventualmente, pode surgir o desejo de desagravo.

> Desenvolver o atributo da estabilidade emocional, portanto, implica fortalecer a capacidade de autocontrole, tornando possível evitar ações precipitadas e permitindo que o negociador possa raciocinar rapidamente, vislumbrando novas possibilidades e argumentos, mesmo em situações de pressão e incerteza. Essa capacidade de controlar a si mesmo proporciona força para resistir a elementos perturbadores e permite superar a ansiedade decorrente das dúvidas e sinuosidades que vão surgindo no curso da negociação.

Como você pode notar, vem se tornando cada vez mais claro que, para se tornar um negociador verdadeiramente hábil, é importante não só valer-se de atributos cognitivos, mas também ser emocionalmente estável. Negociar apenas por meio de conhecimentos técnicos e habilidades de comunicação é insuficiente. Faz-se necessário aprimorar também atributos psicoemocionais para enriquecer a experiência de negociação.

Há muitas vantagens em desenvolver a própria estabilidade emocional. Por exemplo: um negociador emocionalmente estável é capaz de perceber mais claramente os interesses subjacentes da outra parte e seus pontos de reserva, identificando oportunidades de usar seus melhores argumentos; pode avaliar com mais precisão os riscos envolvidos em cada etapa do processo e avançar de maneira mais segura para a melhor tomada de decisão.

A estabilidade emocional é, em suma, o ingrediente essencial para que o negociador possa, quando necessário, tomar decisões com foco na solução do problema, mesmo em situações conflituosas e divergentes. Associado à estabilidade emocional deve estar um importante atributo, essencial para conduzir uma negociação internacional ao sucesso: a **flexibilidade**. *Flexibilidade* significa não só a capacidade de ceder em alguns pontos da sua proposta. Essa característica deve estar presente ao longo de todo o processo de negociação e diz respeito à capacidade de alterar a tática do jogo com a bola em andamento.

A postura flexível também tem a ver com as expectativas: é preciso aprender a mudar o nível de expectativas de acordo com o andamento do processo. Se a outra parte não está disposta a entregar o que você esperava quando planejou a operação, pode ser que a ação mais conveniente no momento seja rever o que você havia estabelecido como resultado previsto. Um pouco menos do que o esperado é melhor do que deixar o processo naufragar por teimosia e rigidez em não querer "alterar as velas" e o "plano de navegação" quando os ventos estão soprando para outro lado. A flexibilidade, portanto, está relacionada à capacidade de revisar objetivos, recalcular resultados, alterar prioridades, modificar a estratégia.

Também faz falta a um bom negociador outro atributo de nível psicoemocional, o qual consideramos ingrediente de "sabor" indispensável, vital para proporcionar suavidade ao esforço de venda, tornando o processo de negociação menos árido e mais aprazível: o **bom humor**. Usar o humor com bom gosto e discrição ajuda a quebrar o gelo em qualquer situação, tornando o ambiente mais leve e agradável, o que deixa as pessoas mais abertas e dispostas para uma negociação.

Entretanto, no caso da negociação internacional, a habilidade de usar o humor para facilitar o processo é extremamente difícil de ser desenvolvida. Raros são os negociadores que conseguem utilizar de maneira eficaz o humor em um relacionamento comercial com executivos estrangeiros, em função da complexidade envolvida no relacionamento, dada pelas diferenças de idioma, expressões linguísticas e *background* cultural. O desenvolvimento dessa habilidade demanda bastante tempo, mas vale a pena. A maior dificuldade está nas diferentes percepções do que seja humor, por parte de pessoas de diferentes regiões do planeta. Indivíduos do Sudeste Asiático, por exemplo, não consideram engraçado o tipo de humor praticado no Ocidente, principalmente aquele que se utiliza da ironia fina.

Contudo, é preciso ressaltarmos que ter senso de humor não significa apenas ser engraçado ou divertido. Antes, envolve a capacidade de mostrar, de uma forma leve, indireta, sutil à outra parte aspectos subjacentes ao processo. É a melhor estratégia a se utilizar nos momentos críticos da negociação, em que o ambiente se torna um pouco mais tenso. É nessa hora que o bom negociador intervém de maneira magistral, desanuviando os horizontes com serenidade, imaginação e um toque de graça.

Desenvolver o senso de humor, portanto, está muito menos relacionado a conhecer piadas prontas e muito mais vinculado com perceber o momento pelo qual o processo negocial está passando e as emoções que estão sendo sentidas pelos participantes. Dessa forma, com a habilidade de utilizar a graça com imaginação, leveza e elegância, atribui-se um toque de informalidade e intimidade ao relacionamento comercial, mas, ao mesmo tempo, se reforçam os laços de confiança, respeito e estima.

Com efeito, o riso fortuito e espontâneo revela reações genuínas, não premeditadas, demonstrando certo companheirismo e solidariedade em meio a uma situação que naturalmente coloca os participantes em lados opostos devido às diferenças de interesse. A distensão provocada pelo riso compartilhado produz momentos inesperados de intimidade, que são vitais para a solidificação do relacionamento comercial.

Finalmente, vale sempre lembrarmos que qualquer uso do humor deve ser feito de maneira respeitosa, ou seja, não fazer graça de outras pessoas, principalmente as que não estão presentes, nem de assuntos ou temas que são considerados sérios pela outra parte.

3.7 Uma palavra final sobre *perfil*

Um bom negociador não nasce pronto; ele é construído à custa de muito esforço, dedicação e acumulação de experiências. Mesmo sobre aqueles negociadores já consagrados pelo sucesso na área, podemos dizer a seu respeito que **nenhum deles** detém todos os atributos elencados neste capítulo de maneira homogênea e igualmente intensa. Pode apresentar sim, algumas marcas próprias, algumas características peculiares e, o mais importante, um bocado dos atributos mencionados anteriormente. No entanto, a conjugação completa de todos os atributos em um único ser humano nada mais é do que um objetivo ideal, ou seja, algo a ser perseguido continuamente, assim como desejamos, a cada dia, sermos um pouco melhor naquilo que somos e fazemos.

É relevante mencionarmos novamente que os atributos descritos neste capítulo como ideais para a condução de uma negociação a bom termo não necessariamente deverão estar presentes em uma única pessoa. Muitas vezes, a melhor estratégia é formar uma equipe de negociação, reunindo várias pessoas com diferentes habilidades, complementares entre si e que, juntas, compõem o perfil desejado.

De modo especial, a negociação em comércio exterior é uma tarefa complexa, que leva muitos anos para se desenvolver. A formação de um bom negociador internacional demora muito mais tempo por causa do desafio adicional representado pelas diferenças culturais envolvidas.

Síntese

Neste capítulo, procuramos demonstrar que os aspectos pessoais envolvidos em uma negociação internacional são extremamente complexos, exigindo que o profissional seja bastante qualificado para ter êxito no exercício de sua função. Assim, todo aquele que deseja atuar em comércio exterior está diante de uma grande oportunidade e, ao mesmo tempo, de um desafio ímpar em sua vida. Operações internacionais prometem ótimos resultados para os profissionais e para as empresas, mas exigem o desenvolvimento de um conjunto multivariado de habilidades – o que se deve, principalmente, ao ambiente diversificado e complexo em que ocorrem.

Pergunta e resposta

1. Muitas pessoas afirmam que é preciso ter bom humor para se alcançar bons resultados em uma negociação. Há quem diga, inclusive, que um bom negociador é aquele que sabe contar boas piadas e entreter a outra parte. É correto esse pensamento?

    Com efeito, bom humor é um ingrediente essencial para proporcionar suavidade ao esforço de negociação, tornando o processo menos árido e mais aprazível. Entretanto, é preciso saber usar o humor com bom gosto e discrição, para efetivamente poder "quebrar o gelo" no momento inicial de uma negociação, tornando o ambiente mais leve e agradável, o que certamente deixará os intervenientes mais abertos e dispostos para negociar. Contudo, vale ressaltarmos que, no caso da negociação internacional, a habilidade de usar o humor para facilitar o processo é extremamente difícil de ser desenvolvida. É preciso ser muito cuidadoso e refinar as próprias capacidades para utilizar o humor de maneira eficaz em um relacionamento comercial com executivos estrangeiros, em virtude da complexidade envolvida no relacionamento, dada pelas diferenças de idioma, expressões linguísticas e *background* cultural. Finalmente, é preciso destacarmos que ter senso de humor não significa apenas ser engraçado ou divertido. Antes, envolve a capacidade de mostrar, de uma forma leve, indireta e sutil, à outra parte aspectos subjacentes ao próprio processo que ambos estão vivenciando. É a melhor estratégia a utilizar nos momentos críticos da negociação, em que o ambiente se torna um pouco mais tenso. É nessa hora que o bom negociador intervém de maneira magistral, desanuviando os horizontes com serenidade, imaginação e um toque de graça.

Desenvolver o senso de humor, portanto, está muito menos relacionado a conhecer piadas prontas e muito mais vinculado a perceber o momento pelo qual o processo negocial está passando e as emoções que estão sendo sentidas pelos participantes, com a habilidade de utilizar a graça com imaginação, leveza, elegância e respeito.

Questões para revisão

1. Assinale a alternativa **incorreta**. Entre os principais motivos para o extraordinário incremento no volume de comércio internacional nas últimas décadas, podemos citar:
    a) o aumento da capacidade concorrencial das empresas europeias, provocado principalmente pela reunificação da Alemanha, pela consolidação da União Europeia e pelo estabelecimento do euro como moeda única, e pelo fim da "cortina de ferro" (barreira criada pela então União Soviética para separar os países sob sua influência do restante da Europa), que permitiu a abertura e incorporação de diversos mercados novos na parte oriental do continente.
    b) a ascensão dos Tigres Asiáticos. Coreia do Sul, Taiwan e Cingapura expandiram aceleradamente suas exportações a partir da década de 1980, criando oportunidades de negócio não só com seus vizinhos do Sudeste Asiático, mas com muitos países ocidentais também.

c) a atuação da Organização das Nações Unidas (ONU) na busca por um melhor ambiente de negócios internacionais, pautado pela ética no relacionamento empresarial e por políticas de proteção de recursos naturais, como a água e as florestas.

d) o robusto fluxo de investimento direto no exterior, com a abertura em larga escala de filiais e subsidiárias de empresas domésticas no exterior, criando polos de fabricação especializados em atender mercados regionais.

2. O que significa a dimensão de atributos cognitivos e qual a sua importância?

3. **Não** compõe uma categoria de atributos cognitivos:
   a) Conhecimento.
   b) Aplicação.
   c) Síntese.
   d) Divisão.

4. Qual a postura de um negociador ético?

5. A respeito dos atributos de comunicação e relacionamento interpessoal, assinale a alternativa correta:
   a) Persuasão não deve ser entendida como a capacidade de convencer a outra parte a qualquer custo e de qualquer maneira.
   b) Antes de ouvir a outra parte, é fundamental apresentar-lhe suas ideias e convicções.
   c) Sensibilidade é uma qualidade que implica ser suficientemente habilidoso para fazer a outra parte ver como você é sensível e se preocupa com ela.
   d) Empatia é a capacidade que o outro tem de nos ver como a ele mesmo.

Macroambiente de negócios internacionais

Conteúdos do capítulo:

- O ambiente de negócios internacionais.
- A capacidade concorrencial das empresas em função da realidade local em seus países-sede.
- Circunstâncias contextuais e estrutura pública e privada de suporte às operações de comércio exterior em algumas nações.
- Aspectos da competitividade internacional do Brasil.

Após o estudo deste capítulo, você será capaz de:

1. perceber o efeito que a estrutura de suporte institucional existente em um país pode causar sobre a capacidade das empresas locais de competirem no ambiente de negócios internacionais;
2. entender que a concorrência nas operações de comércio exterior é mais intensa e agressiva do que a competição no mercado local do próprio país;
3. identificar algumas das principais iniciativas e ações levadas a cabo nos países que lideram o *ranking* mundial de comércio exterior;
4. avaliar as características da competitividade internacional do Brasil e dos desafios que o país ainda precisa superar.

4.1 A negociação internacional

Quando uma empresa decide ampliar seu mercado de atuação, ultrapassando as fronteiras geográficas do seu país, uma das primeiras atitudes que a organização assume, mesmo que intuitivamente, é que o limite para os seus negócios será o mundo. Em consequência, a primeira preocupação de quem está pensando em desenvolver sua atividade de negócios em âmbito internacional deverá ser a realização de uma adequada e abrangente análise do contexto do nicho em que irá atuar, para poder compreender melhor quais são as principais características do ambiente de negócios dos outros países, ao menos aqueles que têm volume de transações comerciais significativo com o exterior.

Esse processo ajudará, sem dúvida, a entender os efeitos que os diferentes ambientes de negócio em cada país têm sobre a capacidade concorrencial das companhias com sede nessas localidades e, em comparação com o Brasil, verificar quais são as eventuais vantagens ou desvantagens competitivas que a empresa enfrentará no exterior. Assim, o empresário brasileiro pode antever quais são as condições com que se defrontará em nível internacional e as exigências daí resultantes, em termos de pessoas, conhecimento e recursos.

Nessa ordem de ideias, vamos analisar, nas próximas páginas, as circunstâncias próprias dos países que atuam de forma mais expressiva no comércio internacional e o suporte que proporcionam às suas empresas, cuja importância não pode ser desprezada. Esses critérios devem, portanto, ser estudados com cuidado, visando à adequada preparação das etapas que antecedem o momento da negociação em si, e que serão fundamentais para assegurar a eficácia do processo e o sucesso dos resultados.

É preciso, inicialmente, entendermos que a empresa que resolve atravessar fronteiras e estabelecer negócios com clientes em outros países enfrentará uma concorrência muito mais intensa e agressiva do que aquela a que está acostumada a encontrar no mercado doméstico. Não se trata somente de uma questão numérica, ou seja, de maior quantidade de competidores. As condições do contexto de origem desses países são, muitas vezes, mais benéficas em comparação com aquelas proporcionadas pelo Brasil. Países de economia muito desenvolvida, como Estados Unidos, China, Japão e Alemanha, oferecem diferentes formas de apoio a suas empresas, que vão desde facilidades de tratamento burocrático até a criação de agências especializadas no fomento de negócios internacionais.

O ambiente internacional de negócios é um gigantesco tabuleiro, onde os países buscam assumir rapidamente as melhores posições, por meio de ações estratégicas de apoio ao setor exportador.

4.2 Estados Unidos

Os Estados Unidos têm diversos órgãos da administração pública, não somente em nível federal, bem como instituições privadas totalmente dedicadas ao estímulo e à promoção dos negócios das empresas do país com o mercado estrangeiro. Recentemente, a Casa Branca criou a National Export Initiative, ação articulada pela mais alta esfera de comando nacional, envolvendo ministros de Estado e presidentes das instituições mais importantes no segmento de exportações.

Para compreendermos a dimensão da importância atribuída por esse país aos negócios internacionais das suas empresas e do apoio que oferece a elas, vale mencionarmos que o gabinete de gestão dessa iniciativa inclui, entre outros, os secretários de Estado, do Tesouro, da Agricultura, do Comércio e do Trabalho. As áreas da administração pública mais diretamente relacionadas com a geração de negócios e de empregos estão presentes nesse processo. Mais importante ainda, o responsável pelos recursos financeiros desse país que tem o maior Produto Interno Bruto (PIB) do mundo está também presente para providenciar os recursos orçamentários necessários à execução das ações de apoio à exportação que vierem a ser aprovadas.

As principais diretrizes de atuação dessa iniciativa são:

- Aumentar a assistência de exportação para pequenas e médias empresas.
- Promover recursos federais atualmente disponíveis para auxiliar as empresas dos EUA.
- Em consulta com os representantes do governo estadual e municipal, bem como com o setor privado, apoiar missões comerciais ao exterior para promover as exportações norte-americanas.
- Aparelhar e ampliar a atuação da defesa comercial por parte do governo federal.
- Em parceria com o Eximbank (norte-americano), aumentar o acesso ao financiamento para as pequenas e médias empresas que pretendem iniciar atividade exportadora.

- Promover acordos e parcerias internacionais que incentivem o crescimento econômico de outros países, possibilitando-lhes comprar mais produtos norte-americanos.
- Reduzir as barreiras ao comércio internacional, ampliando o acesso a mercados estrangeiros para os produtores nacionais, mediante acordos de comércio e uma firme atuação no âmbito da Organização Mundial do Comércio (OMC).
- Criar uma estrutura para promover o comércio de serviços.

Para ter uma ideia exata dos resultados das ações empreendidas no âmbito dessa iniciativa, observe, no Gráfico 4.1, a evolução das exportações norte-americanas, a partir de 2010, ano em que a Casa Branca aprovou a criação desse programa.

Gráfico 4.1 – Evolução das exportações norte-americanas após a implantação da National Export Initiative

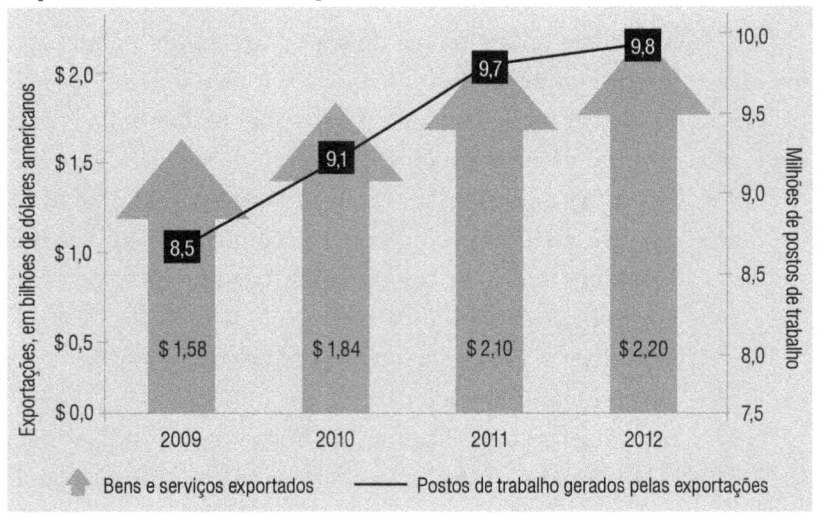

Ano	Bens e serviços exportados (bilhões US$)	Postos de trabalho gerados (milhões)
2009	$1,58	8,5
2010	$1,84	9,1
2011	$2,10	9,7
2012	$2,20	9,8

Fonte: Elaborado com base em ITA, 2015, tradução nossa.

Além da National Export Initiative, o governo norte-americano mantém outros órgãos voltados ao fomento dos empresários do país, como a U.S. Trade and Development Agency (USTDA), cuja missão é ajudar as empresas americanas por meio do estímulo à exportação de bens e serviços dos EUA para projetos prioritários em economias emergentes. A USTDA financia o planejamento de projetos, a realização de projetos pilotos e a vinda de missões comerciais estrangeiras aos EUA a fim de que conheçam e comprem os produtos americanos.

A entidade fornece, ainda, ajuda financeira a projetos destinados a apoiar o desenvolvimento de infraestrutura e de sistemas comerciais abertos no exterior, sendo uma de suas principais vertentes de sua atuação o suporte a empresas norte-americanas com projetos no exterior.

Relatórios da USTDA (2016) apontam que sua atividade foi responsável pela geração de mais de US$ 25 bilhões em exportações dos EUA para os mercados emergentes, ao longo dos últimos 10 anos. Isso significa um resultado de US$ 74 dólares em exportações de bens e serviços fabricados nos EUA para cada US$ 1 investido pela entidade nos programas que coordena. Esses dados são obtidos mediante rigoroso processo de avaliação de informações fornecidas pelas próprias empresas norte-americanas e parceiros do país de acolhimento. O Gabinete de Avaliação de Projetos da entidade continuamente monitora, verifica e analisa os resultados das atividades da Agência para determinar sua eficácia. Assim, subsidia novas decisões de financiamento, com base em evidências concretas.

Outra entidade é a International Trade Administration (ITA), autarquia vinculada ao Departamento de Comércio Americano que atua especificamente no fortalecimento da competitividade da indústria estadunidense. A ITA está organizada em três unidades de negócios distintas e complementares: a primeira é a unidade de **Mercados Globais**, que mantém funcionários no país e no exterior, combinando analistas e pessoal de campo para estruturar programas de promoção comercial exclusivos, destinados a apoiar a inserção das empresas americanas em países específicos, além de orientar juridicamente sobre os aspectos legais inerentes ao acesso a esses mercados. A segunda, a unidade de **Indústria e Análise**, que reúne especialistas em economia, indústria e comércio internacional, os quais atuam em um trabalho conjunto com o setor empresarial, na melhoria da competitividade das indústrias norte-americanas por meio do desenvolvimento e da execução de políticas de comércio e investimento internacionais. Finalmente, a unidade de **Supervisão e Regulamentação**, que se destina a fazer cumprir as leis comerciais dos EUA e garantir o cumprimento dos acordos comerciais negociados em nome da indústria norte-americana.

O Export-Import (Ex-Im) Bank oferece financiamento para as empresas norte-americanas e seus clientes em mercados estrangeiros, onde o setor privado não está prontamente disposto ou é capaz de fornecer suporte financeiro. Somente em 2012, essa instituição financeira controlada pelo governo federal dos EUA reportou mais de US$ 30 bilhões em financiamentos autorizados, registrando o quarto recorde anual consecutivo em volume de recursos colocado à disposição das empresas do país. De modo especial, o Ex-Im Bank ajudou mais de 3,3 mil pequenas empresas a expandir suas vendas de exportação em 2012; 650 delas pela primeira vez (ITA, 2016a).

Na área de suporte financeiro, temos ainda a Small Business Administration (SBA), que, no mesmo ano, apoiou mais de 2,4 mil empréstimos a 3,5 mil pequenas empresas por meio de seus programas, financiando um total de US$ 3,4 bilhões em vendas de pequenas empresas (SBA, 2016).

É fato que, quando as empresas de um país estabelecem presença física direta no exterior, o país de origem exporta mais para os locais onde suas empresas fixaram subsidiárias. A Overseas Private Investment Corporation (Opic) é uma instituição financeira de apoio ao desenvolvimento do governo norte-americano que mobiliza capital privado para promover projetos de desenvolvimento, ajudando empresas americanas a obter negócios em mercados emergentes. A Opic desempenha sua missão fornecendo aos investidores financiamento, garantias, seguros de risco político e também apoiando fundos de investimento de *private equity*.

Os Estados Unidos mantêm um total de 14 acordos internacionais de cooperação comercial (*Foreign Trade Agreements*) com 20 países. Para se ter uma ideia do significado favorável que esse contexto representa para os negócios, vale mencionarmos que as exportações para esses países foram equivalentes a quase metade de todas as exportações de bens dos EUA em 2012. Ademais, as exportações norte-americanas para esses parceiros cresceram quase duas vezes mais rápido que as exportações para o restante do mundo (ITA, 2016b).

É interessante notarmos que as pequenas e médias empresas (PME), em especial, tendem a se beneficiar mais com os acordos de liberação do comércio do que as demais. Visto que são tipicamente menos capazes que as grandes empresas para lidar com procedimentos pesados, regimes regulatórios não transparentes e outras barreiras de acesso a mercado, esses empreendimentos têm muito a ganhar com as novas facilidades comerciais alcançadas pelos acordos.

> Podemos perceber claramente, portanto, que o contexto americano configura um ambiente de negócios extremamente favorável para as empresas daquele país. O governo norte-americano vem colocando seus melhores esforços para aparelhar adequadamente sua defesa comercial, fazer respeitar seus direitos comerciais ao abrigo de acordos internacionais e investigar em profundidade as práticas comerciais desleais que afetam suas exportações ou importações no mercado estadunidense. Simultaneamente, estimula os negócios das companhias americanas no exterior, disponibilizando-lhes recursos abundantes de financiamento, com custo muito reduzido.

Além disso, atua expressivamente no sentido de informar e treinar seus empresários sobre como fazer negócios em mercados abertos pelos acordos de livre comércio. Nesse sentido, seu governo tem agido de maneira eficaz na busca e estabelecimento de novos acordos comerciais destinados a remover obstáculos para as exportações dos EUA, principalmente em mercados emergentes.

As constatações elencadas demonstram claramente a disposição desse país em ajudar suas empresas a vender no exterior, podendo, a princípio, inibir ou desestimular, por exemplo, uma empresa brasileira que esteja planejando iniciar atividades no mercado internacional. Cabe destacarmos, todavia, que

O Brasil, bem como outras nações, também tem entidades de apoio às exportações e toma diversas iniciativas para o fomento dos negócios de companhias brasileiras no exterior, como veremos mais adiante.

Entretanto, nosso propósito ao fazer uma apresentação mais detalhada do ambiente de negócios dos Estados Unidos foi mostrar ações e iniciativas existentes no país que detém o maior PIB do planeta, além de ser o segundo maior exportador mundial. Dessa forma, é possível propiciar uma melhor compreensão do contexto de onde se desenvolvem os negócios internacionais, visto que boa parte das empresas que vão concorrer com as companhias brasileiras, na disputa do próprio mercado local e em outros países, está sediada nos Estados Unidos.

A Tabela 4.1 demonstra quais são os países de maior relevância no comércio internacional, tanto sob a ótica de exportação quanto de importação.

Tabela 4.1 – *Ranking* mundial de exportadores e importadores

Posição	País	Exportações em US$ milhões
1	China	2.209.007
2	Estados Unidos	1.579.593
3	Alemanha	1.452.711
4	Japão	715.097
5	Holanda	671.863
6	França	579.687
7	Coreia, República da	559.632
8	Reino Unido	541.594
9	Hong Kong, China	535.548
10	Federação Russa	523.294

(continua)

(Tabela 4.1 – continuação)

Posição	País	Exportações em US$ milhões
11	Itália	517.740
12	Bélgica	469.438
13	Canadá	458.379
14	Cingapura	410.250
15	México	380.189
16	Emirados Árabes Unidos	379.000
17	Reino da Arábia Saudita	375.933
18	Espanha	316.534
19	Índia	313.235
20	Taipé	305.441
21	Austrália	252.665
22	Brasil	242.179
23	Suíça	229.157
24	Tailândia	228.530
25	Malásia	228.276

Posição	País	Importações em US$ milhões
1	Estados Unidos	2.329.060
2	China	1.949.992
3	Alemanha	1.188.884
4	Japão	833.166
5	França	681.016
6	Reino Unido	655.319
7	Hong Kong, China	622.276
8	Holanda	589.768
9	Coreia, República da	515.586
10	Itália	477.391
11	Canadá	474.270
12	Índia	466.042

(Tabela 4.1 – conclusão)

Posição	País	Importações em US$ milhões
13	Bélgica	450.706
14	México	390.965
15	Cingapura	373.016
16	Federação Russa	342.980
17	Espanha	338.921
18	Taipé	269.897
19	Turquia	251.650
20	Emirados Árabes Unidos	251.000
21	Tailândia	250.723
22	Brasil	250.447
23	Austrália	242.132
24	Malásia	206.014
25	Polônia	205.107

Fonte: Elaborado com base em World Trade Organization, 2014.

4.3 China

A China hoje ocupa o lugar de maior destaque na exportação de bens para outras nações. Entretanto, além do número impressionante que exibe, que supera a marca de US$ 2 trilhões em exportações (World Trade Organization, 2014), o que é mais significativo em relação a esse fato é a velocidade com a qual ele ocorreu. Com efeito, a China vem conferindo uma especial ênfase nas transações internacionais, com uma estratégia de abertura para o exterior e apoio ao setor empresarial que se provou de absoluto sucesso, levando o país de um regime de economia fechada e absolutamente coletivista para uma economia de mercado, aberta a investimentos estrangeiros e com liberdade para a formação de empresas de capital puramente doméstico ou mediante *joint-ventures*[1] com o exterior, mas sempre com forte supervisão e controle do estado.

Esse processo de liberalização acelerado proporcionou ao país um crescimento médio nas últimas três décadas em torno de 9% ao ano, chegando a apresentar picos de 13%, embora mais recentemente tenha perdido um pouco do seu ímpeto inicial. As exportações nesse período cresceram a uma taxa média anual em torno de 11%, mais de duas vezes superior à média mundial, o que levou a China ao primeiro posto no *ranking* (World Trade Organization, 2014), como vimos na Tabela 4.1.

Logo após a constituição da República Popular da China, em 1949, as diretrizes de governo estiveram muito mais voltadas a questões internas, preocupadas em estabelecer uma economia de natureza coletiva e igualitária, reduzindo as grandes discrepâncias que caracterizam o interior do país e a zona litorânea, mais urbanizada. Assim, a estratégia chinesa de desenvolvimento econômico calcou-se fortemente sobre o desenvolvimento do mercado interno, sendo dada muito pouca importância às transações com o exterior. O fluxo de comércio externo era planejado de forma centralizada e controlado pelo Ministério de Comércio Exterior, por meio de 12 autarquias que atuavam em diferentes setores e produtos.

No final da década de 1970, entretanto, o país resolveu mudar radicalmente a direção de sua economia, inaugurando uma política de portas abertas ao exterior. Com esse propósito, caminhou para a liberalização das atividades empresariais,

---

[1] *Joint-venture*: associação de duas empresas, sem caráter definitivo e com propósito específico de explorar determinado empreendimento industrial, comercial ou do setor de serviços, dividindo investimentos, responsabilidades e resultados.

alterando gradualmente o conjunto de leis, normas e regulamentações que afetam o setor.

Nesse sentido, o país criou as **Zonas Econômicas Especiais**, inicialmente apenas em algumas cidades, estendendo-se depois para diversas outras áreas. Essas regiões receberam grande autonomia de funcionamento, sendo seu maior objetivo a atração de capital, conhecimento e tecnologia, formando verdadeiras zonas de excelência na produção de bens exportáveis. No início da década de 1990, essas localidades já haviam se tornado prósperas e modernas cidades, sendo responsáveis por mais da metade das exportações do país.

Além da grande autonomia de decisão de que desfrutavam, essas zonas especiais apresentavam importantes incentivos aos investimentos, oferecendo menores taxas de imposto sobre os lucros das empresas lá instaladas, período de isenção tributária na fase inicial de maturação do investimento e aquisição de insumos importados sem impostos. O valor dos benefícios se alterava de acordo com o valor investido e o nível de tecnologia que o projeto incorporava.

Além disso, houve descentralização de poder decisório em favor das províncias, permitindo-lhes autonomia na criação de autarquias e empresas destinadas a atender às suas necessidades específicas. As empresas estatais foram gradativamente recebendo maior liberdade de atuação e decisão, assumindo, em compensação, responsabilidade pela geração de lucros em suas atividades.

O planejamento, naturalmente, permanecia com o governo central, que, na sequência das liberalizações, organizou e estruturou sistemas de cooperação intersetorial, pelos quais as empresas passaram a formar *clusters* de exportação em áreas consideradas estratégicas para o país e com o objetivo de produzir bens de maior valor agregado e com mais qualidade, elevando de modo geral a capacidade competitiva do setor exportador.

> Um dos maiores e mais efetivos instrumentos de incentivo às recém-formadas empresas chinesas, entretanto, foi o regime de câmbio centralizado e definido pelo governo. Paralelamente à liberalização da economia, o governo introduziu diversas desvalorizações da moeda local em relação ao dólar norte-americano, saindo de uma cotação inicial em 1980 de 1,5 yuan renminbi por dólar para 5,22, em 1990 (Panagariya, 2003).

Com efeito, desde que havia se tornado a moeda nacional em 1949, o yuan renminbi (RMB) mantinha um valor fixo e inconversível. Para acomodar as reformas no setor de comércio exterior, contudo, a China realizou várias experiências de reforma do seu sistema cambial, incluindo um sistema de dupla taxa de câmbio.

Segundo Panagariya (2003), com a unificação do regime de câmbio dual em 1994, a taxa de câmbio oficial do RMB experimentou uma nova desvalorização, dessa vez da ordem de 50%, alcançando 8,7 yuan renminbi por dólar americano. Desde então, o valor de câmbio do RMB foi mantido relativamente estável. Em 21 de julho de 2005, com pressões intensificadas pelos EUA, Japão e Europa sobre a reavaliação da RMB, a China anunciou que permitiria que o RMB fosse negociado dentro de uma faixa de 0,3% pela primeira vez, e também que a cotação da moeda ficaria vinculada a uma **cesta de moedas** comercializadas internacionalmente, de acordo com sua importância para as transações externas da China, incluindo o dólar, o euro, o iene japonês e o coreano won.

No Gráfico 4.2, podemos verificar o efeito real que essas medidas tiveram sobre a cotação média da moeda chinesa. É possível percebemos que de 1994 até 2005 não houve praticamente qualquer alteração no valor da cotação oficial. A partir de 2005, com a decisão das autoridades chinesas de permitir uma flutuação controlada, a moeda daquele país experimentou uma lenta, mas continuada, valorização até meados de 2008, quando teve início a grande crise internacional que afetou severamente o crescimento econômico da maioria dos países e, consequentemente, o comércio global. Assim, para ajudar, mais uma vez, as exportações das suas empresas, o governo chinês manteve, durante todo o ano de 2008 e 2009, a cotação da moeda praticamente fixa em torno de 6,8 RMB por dólar. Somente em junho de 2010, quando a crise internacional já mostrava sinais de controle, as autoridades do país deram continuidade à política de permitir uma lenta valorização da moeda local.

Gráfico 4.2 – Série histórica da cotação do yuan renminbi contra o dólar norte-americano

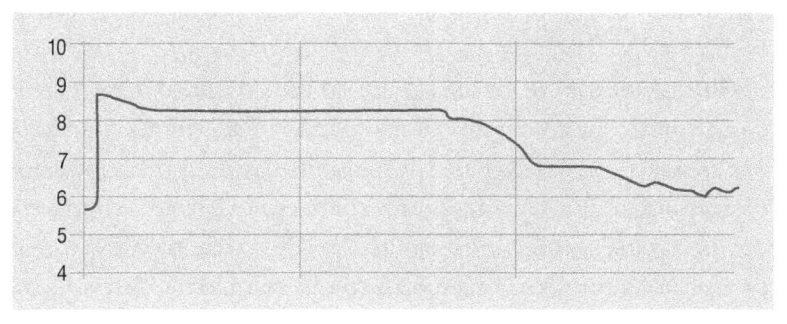

Fonte: Adaptado de UBC, 2015[1]

Nota: [1] A University of British Columbia (UBC) disponibiliza o Pacific Exchange Rate Service, um serviço de base de dados pelo qual é possível obter, de maneira interativa, séries históricas de cotações de moedas.

Efetivamente, durante os últimos anos, a questão da taxa de câmbio da moeda chinesa tem estado no centro do debate sobre a origem do desequilíbrio global da balança de transações correntes, especialmente com os Estados Unidos. Este e outros países têm manifestado, com preocupação, que a moeda nacional da China está seriamente subvalorizada. O Departamento do Tesouro Americano vem solicitando de maneira enfática, nos últimos anos, que a China adote procedimentos que permitam ao RMB subir seu valor. O Congresso Americano chegou mesmo a considerar a inclusão de uma tarifa extraordinária de 27,5% sobre as importações chinesas para os Estados Unidos se o RMB não fosse reavaliado (Update 2-U.S., 2015).

A grande crítica ao regime cambial chinês é que, por meio dessa subvalorização de moeda, a China obtém uma vantagem comercial extremamente desleal no comércio internacional e que a excessiva prolongação dessa medida está afetando gravemente o setor de produção dos outros países. Além disso, há quem atribua a desvalorização de 50% da moeda chinesa em 1994 como uma das causas para a crise financeira asiática da década de 1990.

O país também desenvolveu outros mecanismos clássicos de apoio ao comércio exterior, como o seguro de crédito à exportação, que é feito pela China Export and Credit Insurance Corporation. Essa empresa estatal oferece cobertura contra riscos políticos, comerciais e de crédito, de curto, médio e longo prazo. Atua também assegurando investimentos chineses no exterior e concedendo crédito à exportação.

Na sequência de seu enorme processo de liberalização da economia, e com vistas a obter autorização para ingressar na Organização Mundial do Comércio (OMC), a China privatizou gradualmente quase metade de suas companhias estatais, as quais, por outro lado, já estavam suficientemente fortalecidas e capacitadas para a concorrência em nível global. Dessa forma, com a venda pública das ações dessas empresas, criou-se um mercado de capitais robusto.

Operam, no país, a bolsa de valores de Shanghai, que é hoje a sexta maior do mundo, e a bolsa de Shenzen. Em 2012, as companhias listadas em ambas as bolsas somavam juntas um valor total de mercado de US$ 3,7 trilhões, de acordo com dados do Banco Mundial (World Bank Group, 2015). A título de comparação, o mesmo relatório indica que o valor total de mercado das empresas brasileiras listadas na BMF & Bovespa era de US$ 1,2 trilhão.

Além de todo o aparato estatal de incentivos visto anteriormente destinado a apoiar as empresas estabelecidas no país a exportar, o governo da China aparentemente oferece subsídios às companhias sediadas nas zonas especiais de produção para exportação, mediante pagamento dos serviços prestados por fornecedores dessas companhias. Por conseguinte, as organizações não precisam arcar com esses custos, obtendo assim uma vantagem injusta, segundo observa o Representante de Comércio Americano. Segundo cálculos dessa repartição governamental, esses subsídios concedidos pelo governo chinês a suas empresas ultrapassam o montante de US$ 1 bilhão nos últimos três anos (Update 2-U.S., 2015).

4.4 Alemanha

Outro país de atuação relevante em comércio exterior, cujo contexto próprio também vale a pena ser estudado, é a Alemanha, que ocupa o terceiro lugar tanto no volume de exportações como de importações, sendo responsável por um montante superior a US$ 2,6 bilhões em negócios com o resto do mundo e representando mais de 14% de participação no comércio mundial (World Trade Organization, 2014).

A Alemanha foi o país que incorporou de maneira total e absoluta o paradigma do crescimento baseado na exportação, pensamento dominante entre os economistas ocidentais a partir da segunda metade do século XX. Esse modelo apregoa um sistema econômico nacional totalmente aberto ao comércio e ao fluxo internacional de capitais, tendo como principal objetivo o desenvolvimento do país com base no crescimento da atividade industrial focada no mercado externo.

A adoção desse modelo, logo após a destruição causada pela Segunda Guerra Mundial, permitiu ao país uma rápida e consistente recuperação. Atualmente, quase metade do PIB advém da atividade exportadora, que gera cerca de 25% dos empregos totais. O país tem hoje a maior e mais forte economia da zona do euro. Sua força está em larga medida relacionada com a diversificação da sua produção e dos mercados que alcança em todo o mundo.

Com essa visão, criou um ambiente institucional fortemente voltado ao apoio às suas exportações, nas quais se destaca, por exemplo, o Kreditanstalt für Wiederaufbau (KfW), uma instituição financeira originalmente criada para dar suporte à reconstrução da Alemanha. Conhecido pela sigla que representa seu nome, o KfW hoje é uma agência de desenvolvimento do governo, atuando com foco no setor exportador. Sua sede é em Frankfurt, coração financeiro do país, e a composição acionária é dividida entre o governo federal, que detém 80% das ações, e os governos estaduais, que detêm os demais 20% (KfW, 2016).

Operando com os mais variados segmentos, como produção de cimento, equipamentos para plantas de energia eólica e redes de comunicação, oferece crédito de médio e longo prazos, contribuindo para a elevação da capacidade competitiva das empresas alemãs e sua internacionalização.

Pelo fato de ser uma instituição pública, o KfW goza de algumas vantagens, por exemplo, a isenção de pagamento de imposto sobre o lucro de suas atividades. Além disso, não está obrigado a distribuir dividendos para os seus acionistas, que são o governo federal e os estaduais. Dessa maneira, consegue emprestar recursos a taxas inferiores àquelas normalmente cobradas pelos bancos comerciais comuns.

O KfW, por regulamentação, está impedido de competir com os bancos comerciais, mas pode atuar em colaboração com eles, nos negócios que estão em sua área de atuação. De um modo geral, podemos dizer que a atuação do KfW se desenvolve por meio de um conjunto diverso de subsidiárias, sendo a mais importante o KfW Ipex Bank GmbH, que predominantemente realiza empréstimos para fomentar as exportações.

O KfW Ipex Bank GmbH trabalha apenas com empresas de médio e grande porte, oferecendo soluções na medida de suas necessidades, atendendo não só à companhia exportadora, mas também seus clientes que estão em outros países, ainda que isso represente mais dificuldade e risco.

Com as pequenas e médias empresas, atua outro braço financeiro do grupo, o KfW Mittelstandsbank, que oferece crédito para esse segmento, incluindo empreendedores individuais e firmas *startups*. Interessante notarmos que, além de empréstimos, esse banco dá apoio mediante aporte de capital na empresa, possibilidade que significa menores custos e mais prazo para tomar recursos.

A atuação do KfW ocorre de maneira conjunta com outras instituições alemãs de apoio à exportação, oferecendo, assim, crédito associado com outros mecanismos criados pelo governo para impulsionar os negócios com o exterior, como as garantias de crédito à exportação, que são emitidas pela Euler Hermes Deutschland AG.

Esse tipo de instrumento protege as operações de exportação contra falta de pagamento por motivos econômicos ou políticos, permitindo que os exportadores alemães possam manter suas relações comerciais ou mover-se em mercados difíceis, mesmo durante crises.

A Euler Hermes é o que se costuma chamar de *Export Credit Agency* (ECA), instituição de capital público ou misto que oferece empréstimos, garantias e seguros auxiliados pelo governo às empresas de seu país de origem, visando apoiá-las em seus negócios no exterior, principalmente em países em desenvolvimento e emergentes. Atua tanto de forma individual, atendendo diretamente os exportadores, como de forma combinada, em parceria com outras instituições de crédito, e pode operar basicamente de três maneiras distintas:

1. **Empréstimos diretos** – Trata-se da estrutura mais simples, por meio da qual o empréstimo está relacionado à venda de bens ou serviços ao exterior.
2. **Intermediário financeiro** – Nesse caso, a ECA empresta recursos a um intermediário financeiro no país de destino das exportações, em geral o banco comercial que atende o importador, que, por sua vez, faz o financiamento ao seu cliente, assumindo os riscos da operação.
3. **Equalização de taxa de juros** – Nessa modalidade, outra instituição financeira fornece o empréstimo para a exportação, com juros abaixo das taxas de mercado, recebendo uma compensação da ECA pela diferença entre a taxa inferior à do mercado e a taxa comercial.

Na Alemanha, a Euler e a Pricewaterhouse Coopers Aktiengesellschaft Wirtschaftsprüfungsgesellschaft (PwC) gerem o regime oficial de garantia de crédito à exportação em nome e por conta do governo federal. A Euler Hermes atua como líder nesse consórcio, o que explica por que essas garantias são amplamente conhecidas no mundo dos negócios simplesmente como "cobertura da Hermes".

A responsabilidade orçamentária para esse instrumento de promoção das exportações, entretanto, encontra-se com o governo federal. É ele quem decide sobre as questões básicas da política de cobertura e a concessão de garantias, por meio do Comitê Interministerial para Concessão de Garantias (IMC).

Desde 1949, o governo federal utiliza esse modelo na área de seguros para a exportação, entregando a gestão às duas empresas privadas hoje chamadas Euler Hermes e PwC. Nesse sistema, elas oferecem um serviço de consultoria aos exportadores e aos bancos.

> Em estreita colaboração com as partes interessadas, prepararam os pedidos de cobertura para a decisão a ser tomada pelo governo federal. Após a cobertura ser autorizada pelo IMC, os peritos da Euler Hermes e PwC passam a acompanhar as empresas seguradas com orientações e monitoramento do projeto objeto da garantia (PwC, 2016).

Os principais critérios para a concessão de uma garantia são a elegibilidade, verificando-se principalmente se o setor econômico envolvido e o produto exportado fazem parte da lista de apoio e se a transação pode ser justificada em razão do risco envolvido. O representante do Ministério da Economia e da Energia, que tem a função de liderança, decide sobre o mérito da proposta, após aprovação do Ministério das Finanças e em consenso com os representantes do Gabinete Federal de Negócios com o Exterior e do Ministério para a Cooperação e Desenvolvimento Econômico.

Além de representantes dos quatro ministérios mencionados anteriormente, participam do Comitê, em caráter consultivo, representantes dos dois membros do consórcio encarregado de gerir o sistema, Euler Hermes e PwC, bem como especialistas da indústria, do setor bancário e de outras instituições que desempenham um papel importante para a exportação da indústria, buscando tomar decisões que estejam em consonância com as necessidades práticas dos exportadores.

Existe, ainda, uma entidade muito importante de apoio às empresas alemãs interessadas em exportar: a Câmara Alemã de Comércio (AHK). A instituição conta com mais de 40 mil associados no mundo todo, mantendo 130 unidades localizadas em

90 países considerados de especial interesse para a atividade industrial e comercial da Alemanha (AHK, 2016).

As AHKs atuam em estreita colaboração com o Ministério de Economia e Tecnologia, promovendo os negócios de interesse do país. Em conjunto com as representações oficiais da Alemanha no exterior, ou seja, embaixadas e consulados, as AHKs representam os interesses da indústria e do comércio alemão em relação às autoridades políticas e de administração em seus países de acolhimento.

Entre os números mais importantes que o sistema AHK exibe estão mais de 400 mil contatos comerciais organizados anualmente, para cerca de 50 mil empresários alemães que viajam ao exterior buscando fazer novos negócios. De outra parte, organiza anualmente mais de 3 mil encontros, entre congressos e seminários, publicando 80 boletins em 20 diferentes idiomas e divulgando assuntos de interesse do país e dos seus empresários.

Além disso, as AHKs em todo o mundo estão intimamente ligadas às Câmaras de Indústria e Comércio (IHKs) na Alemanha, agindo de forma colaborativa para apoiar as empresas alemãs na construção e consolidação das suas relações de negócios em outros países. Seus sistemas operacionais estão interconectados e todos os pedidos de associados recebidos por essas organizações são imediatamente encaminhados à AHK apropriada e respondidos com a máxima celeridade possível. Da mesma forma, eventos regionais ou em países específicos de iniciativa das IHKs são organizados e realizados em estreita cooperação com as respectivas AHKs. Dessa maneira, as empresas alemãs focadas na exportação recebem o apoio conjunto de ambas as instituições.

> Finalmente, vale mencionarmos outra área na qual a Alemanha se destaca na promoção e apoio ao comércio exterior: as feiras empresariais. Esse tipo de evento é conduzido de maneira altamente profissional no país, sendo este reconhecido internacionalmente pela qualidade das feiras que organiza e do volume de público e de negócios resultante.

Feiras são, efetivamente, uma ótima maneira de viabilizar novos negócios, oferecendo a oportunidade de anunciar mercadorias e serviços diretamente a visitantes, permitindo, além da simples publicidade, a possibilidade de demonstrar as características e vantagens do produto à venda e sentir a imediata reação junto ao potencial público comprador. Além dos *stands* de exibição, as feiras normalmente apresentam eventos paralelos, como seminários, rodadas de negócios, encontros bilaterais, que as transformam numa verdadeira comunidade de negócios, em que fabricantes, representantes, distribuidores, fornecedores, técnicos, consumidores, autoridades públicas e dirigentes e membros de associações profissionais comungam experiências e ideias, propiciando não só que se originem operações comerciais, mas também que se amplie e se desenvolva o conhecimento geral e específico dos setores econômicos representados.

Embora as feiras mais importantes demandem um expressivo investimento por parte de quem deseja exibir seus produtos e serviços, relacionado principalmente ao aluguel do espaço físico, montagem do *stand*, despesas com transporte de pessoas, equipamentos e produtos, os resultados em geral são compensadores. No Gráfico 4.3, podemos verificar alguns números informados pela Associação das Feiras de Comércio da Alemanha, os quais ilustram a magnitude desse setor no país, chamando muita a atenção o número de visitantes.

Gráfico 4.3 – Dados estatísticos sobre as feiras realizadas na Alemanha

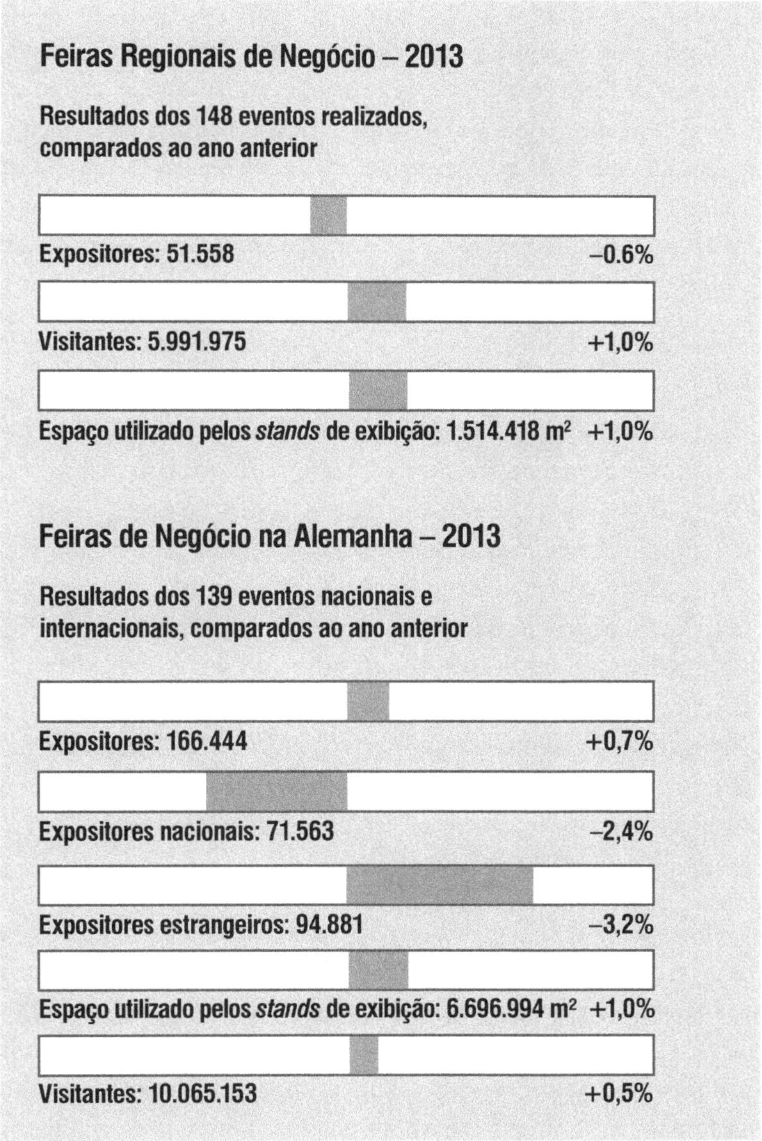

Feiras Regionais de Negócio – 2013

Resultados dos 148 eventos realizados, comparados ao ano anterior

Expositores: 51.558	–0.6%
Visitantes: 5.991.975	+1,0%
Espaço utilizado pelos *stands* de exibição: 1.514.418 m²	+1,0%

Feiras de Negócio na Alemanha – 2013

Resultados dos 139 eventos nacionais e internacionais, comparados ao ano anterior

Expositores: 166.444	+0,7%
Expositores nacionais: 71.563	–2,4%
Expositores estrangeiros: 94.881	–3,2%
Espaço utilizado pelos *stands* de exibição: 6.696.994 m²	+1,0%
Visitantes: 10.065.153	+0,5%

Fonte: Adaptado de Auma, 2014, tradução nossa.

Os dados são relativos ao ano de 2013 e estão organizados em duas categorias: as feiras regionais e as internacionais. As feiras internacionais são complementadas por um grande número de feiras regionais e exposições destinadas a consumidores, bem como pequenos eventos para as indústrias especializadas. Um em cada quatro visitantes é estrangeiro. Tomando-se apenas os eventos de nível internacional, observa-se que mais de 10 milhões de pessoas estiveram presentes nas feiras realizadas em 2013 no país, que contaram com 166 mil expositores com *stands* próprios (Auma, 2014).

> Não devemos ver as feiras de negócios somente como um canal alternativo de vendas. Elas influenciam as estratégias de produtos e preços e, à medida que a tecnologia da informação evolui, elas naturalmente também mudam. Assim, de grande evento de compradores passaram a ser lugares onde informações e projetos são compartilhados, onde as pessoas têm a oportunidade de discutir pessoalmente, em um ambiente totalmente interativo, as novidades e os desafios do setor onde atuam. Participando de feiras, um empresário utiliza quase todo o espectro de seu marketing mix, valendo-se de estratégias de comunicação, publicidade, preços e condições de venda, bem como a distribuição e produtos, deixando claro o papel que ocupa no mercado.

Efetivamente, a Alemanha é o país das feiras. Aproximadamente dois terços dos mais importantes eventos do circuito internacional são realizados lá, como a **CeBIT**, que apresenta as principais novidades em tecnologia de informação, e a **Hannover Messe**, um *showcase* de tecnologia industrial, ambas em Hannover; a **Biofach**, em Nuremberg, sobre produtos orgânicos, cuidados com a saúde e bem-estar pessoal; a **BAU**, em Munique, com as mais importantes inovações na área de arquitetura, materiais e sistemas relacionados; a **Automechanika**, em Frankfurt, com tudo sobre a indústria automotiva; e a **IFA**, em Berlim, sobre produtos eletrônicos de consumo e utilidades domésticas.

A própria atividade de feiras na Alemanha, além de promover os negócios para praticamente todos os setores econômicos do país, é um negócio em si mesmo, visto que ademais dos gastos efetuados diretamente pelos expositores e visitantes apresenta um efeito multiplicador na atividade econômica das cidades onde se realizam.

Além do ambiente extremamente favorável ao setor empresarial alemão, proporcionado por uma grande quantidade de feiras de nível internacional em seu próprio país, existe uma forte estrutura de apoio à participação em feiras de outros países. Com o auxílio do governo alemão, diversas entidades setoriais atuam em favor de seus associados na organização de *German Pavillions* nas feiras de maior relevância realizadas no exterior, com o propósito de proporcionar, principalmente para pequenas e médias empresas, a oportunidade de participar de estandes conjuntos.

Apenas para citarmos um exemplo de atuação nesse sentido, a Bitkom, uma associação federal que representa as empresas da indústria de tecnologia da informação (TI) e telecomunicações, tem mais de 1,4 mil companhias afiliadas, entre as quais estão aproximadamente mil pequenas e médias empresas, inclusive firmas individuais, gerenciadas pelos seus próprios donos. Todos os membros da associação exportam, em conjunto, valor superior a 50 bilhões de euros, em produtos de alta tecnologia, e a Bitkom procura organizar e facilitar a participação de seus associados em feiras no exterior, com apoio financeiro do Ministério de Assuntos Econômicos e Energia (Bitkom, 2015).

Outro exemplo interessante nessa mesma linha é a iniciativa **German Trade Fair Quality Abroad**, da Associação das Feiras de Comércio da Alemanha, que oferece a experiência bem sedimentada de seus associados – os organizadores de feiras na Alemanha que, em geral, têm representantes nos países onde são realizadas feiras importantes – com uma excelente rede de contatos locais. Dessa forma, são fornecidas condições que colocam empresários alemães em contato com potenciais compradores que jamais tenham ido à Alemanha. Os homens de negócio alemães podem, dessa forma, desenvolver-se em um ambiente com o qual já estão familiarizados (modelo *made in Germany* de eventos), no qual encontrarão pessoas conhecidas, vinculadas às entidades que organizam as exposições em seu país, proporcionando-lhes desenvolver o seu trabalho com mais desembaraço.

4.5 O Brasil e a competitividade internacional

O *World Competitiveness Yearbook*, relatório publicado anualmente que avalia as condições de competitividade de 60 países ao redor do globo, apresentou, em sua edição de 2014, o Brasil como o 54º lugar no *ranking* geral de competitividade internacional. Essa publicação é elaborada pelo International Institute for Management Development e a pesquisa no Brasil é realizada pela Fundação Dom Cabral (Barbosa, 2014).

Considerado um trabalho bastante completo de análise da competitividade internacional, o anuário é editado desde 1989. Na Figura 4.1, você pode observar a sequência das posições que o Brasil ocupou nos últimos 10 anos. A melhor situação que nosso país demonstrou foi em 2010, quando alcançou o 38º lugar. De lá para cá só, perdeu espaço e competitividade para outras nações.

Entre as dez economias mais competitivas do mundo estão Estados Unidos, que ocupa o primeiro lugar no *ranking*, Alemanha e Hong Kong, que é um dos principais centros exportadores da China. O relatório reforça, portanto, aquilo que vimos em detalhes anteriormente neste capítulo.

Figura 4.1 – Os dez mais e os dez menos competitivos no *ranking* mundial

Os dez mais competitivos (2014)		Os dez menos competitivos (2014)	
1º	Estados Unidos	51º	Colômbia
2º	Suíça	52º	África do Sul
3º	Cingapura	53º	Jordânia
4º	Hong Kong	54º	Brasil
5º	Suécia	55º	Eslovênia
6º	Alemanha	56º	Bulgária
7º	Canadá	57º	Grécia
8º	Emirados Árabes	58º	Argentina
9º	Dinamarca	59º	Croácia
10º	Noruega	60º	Venezuela

Fonte: Adaptado de Barbosa, 2014.

A metodologia utilizada para mensuração da competitividade nacional leva em conta a eficiência da economia, a atuação do governo, a infraestrutura do país e a eficiência empresarial privada. Vale destacarmos que o Brasil ocupa a última posição (entre todos os 60 participantes da pesquisa) no quesito "Taxa de Comércio Internacional pelo PIB", com uma taxa de 14%, e a penúltima posição no item "Exportação de Produtos pelo PIB", com índice de 11% (Barbosa, 2014).

Entretanto, é na frágil e inadequada infraestrutura para negócios de que o Brasil dispõe e no ambiente institucional e regulatório existente que se encontram os dois pontos mais críticos para a melhoria da competitividade do país. Embora tenhamos um banco de desenvolvimento com grande capacidade de financiamento, como é o Banco Nacional de Desenvolvimento Econômico e Social (BNDES), que fornece um robusto suporte de capital de giro e de investimento necessários ao crescimento das empresas que atuam no território nacional, o país não tem, no geral, um ambiente que estimule os negócios corporativos, apresentando uma elevadíssima carga tributária e um nível de taxa de juros que desencoraja o investimento na produção (FDC; IMD, 2015).

Síntese

Neste capítulo, você pôde perceber como o mundo vem se tornando uma pequena aldeia global. O comércio internacional é cada vez mais volumoso, assumindo importância sem precedentes para o desenvolvimento do nosso país e para o bem-estar de nossa população. As operações internacionais podem proporcionar significativa melhoria nos resultados das companhias nacionais, mas constituem uma empreitada de grande envergadura. Isso ocorre, em primeiro lugar, em função das dificuldades internas inerentes à economia brasileira, ainda em estágio precário de desenvolvimento estrutural. Segundo, em função do ambiente externo extraordinariamente complexo e competitivo, modelado principalmente por um vigoroso conjunto de ações de apoio oriundas do setor governamental e pela intensa atuação de entidades representativas dos segmentos empresariais relacionados à exportação, nitidamente visíveis nos países que lideram o *ranking* mundial de exportadores.

Pergunta e resposta

1. Costuma-se dizer que a economia deve funcionar em um sistema de livre mercado, no qual os agentes econômicos tenham liberdade de atuação e o papel do Estado se limite apenas às áreas onde não há interesse por parte da presença da iniciativa privada ou incentivo econômico para tanto. O comércio internacional também funciona dessa maneira?

   Não. Embora o regime liberal, com menor presença do Estado, tenha contribuído para o progresso econômico da maioria das nações desenvolvidas, quando se trata de comércio internacional, é preciso analisar com mais cuidado os diferentes ambientes de negócio existentes em cada país e os seus efeitos sobre a capacidade concorrencial das companhias que ali produzem para exportar para outras nações. Assim, ao se estudar mais detalhadamente as circunstâncias próprias dos países que mais fortemente atuam no comércio internacional, percebe-se o elevado nível de suporte que proporcionam às suas empresas.

É preciso ter consciência de que a empresa que resolve atravessar fronteiras para buscar negócios com clientes em outros países enfrentará uma concorrência muito mais intensa e agressiva do que aquela a que está acostumada no mercado doméstico. Não se trata somente de haver maior quantidade de competidores, mas da existência de um forte apoio do aparato estatal oferecido por outros países às suas empresas. Países desenvolvidos, como Estados Unidos, Japão e Alemanha, embora ditos de economia liberal, oferecem diferentes formas de apoio a suas empresas, que incluem desde orientação gerencial até facilidades de crédito.

Questões para revisão

1. Assinale a alternativa **incorreta**. Entre as principais diretrizes da National Export Initiative, ação articulada pelo governo dos Estados Unidos, envolvendo ministros de Estado e presidentes das instituições mais importantes no segmento de exportações, pode-se citar:
    a) Em consulta com os representantes do governo estadual e municipal, bem como com o setor privado, apoiar missões comerciais ao exterior para promover as exportações americanas.
    b) Aumentar a assistência de exportação para pequenas e médias empresas.

c) Reduzir as barreiras ao comércio internacional, ampliando o acesso a mercados estrangeiros para os produtores nacionais, mediante acordos de comércio e uma firme atuação no âmbito da OMC.

d) Promover acordos e parcerias internacionais que incentivem o crescimento econômico de outros países, possibilitando-lhes vender mais produtos para os Estados Unidos.

2. Que tipo de empresa se beneficia mais dos acordos internacionais de liberação comercial?

3. Com relação ao regime de câmbio vigente na China nas últimas três décadas, podemos afirmar que:
    a) tem sido um dos maiores e mais efetivos instrumentos de incentivo às exportações chinesas.
    b) foi sempre um regime de câmbio livre e flutuante.
    c) o yuan reminbi é uma moeda conversível.
    d) a taxa de câmbio está supervalorizada.

4. O que é uma Export Credit Agency?

5. A respeito da Alemanha e da sua atuação no comércio internacional, assinale a alternativa que **não** se relaciona corretamente a esse país:
    a) Incorporou de maneira total e absoluta o paradigma do crescimento baseado na exportação, pensamento dominante entre os economistas ocidentais a partir da segunda metade do século XX.

b) A adoção do modelo exportador por parte da Alemanha, logo após a destruição que sofreu na Segunda Guerra Mundial, permitiu uma rápida e consistente recuperação do país. Atualmente quase metade do PIB advém da atividade exportadora, que gera cerca de um quarto dos empregos totais.

c) Apesar da forte ênfase à exportação, a Alemanha não criou instituições voltadas especificamente a dar apoio ao comércio exterior no país, valendo-se apenas de órgãos associativos, como a Câmara de Comércio, por exemplo.

d) É conhecida como o país das feiras.

Alcançando a negociação efetiva

Conteúdos do capítulo:

- Os contextos nos quais se desenvolve a negociação internacional.
- Ações e atitudes a serem adotadas na etapa preparatória da negociação.
- Estratégias para o desenvolvimento e a consolidação das relações comerciais internacionais.
- Valores fundamentais para o estabelecimento de vínculos duradouros com o cliente.
- Influência dos aspectos culturais em uma relação negocial de longo prazo.
- Aspectos operacionais importantes na etapa de fechamento de um negócio.
- Elementos fundamentais para acompanhar os resultados dos negócios e manter a relação com o cliente.

Após o estudo deste capítulo, você será capaz de:

1. compreender a importância da análise preliminar do contexto da negociação, bem como a relevância da preparação adequada para o êxito do processo;
2. avaliar o negócio sob dois ângulos: como espaço físico, geográfico ou tecnológico e como espaço de relacionamento interpessoal;
3. preparar com sucesso uma reunião de negócios;
4. identificar com antecedência possíveis desbloqueadores de uma negociação;
5. entender as formas de abordagem inicial em um negócio internacional e a importância de um relacionamento comercial duradouro e consistente;
6. avaliar aspectos culturais e reconhecer sua influência nas negociações;
7. compreender os aspectos operacionais essenciais do fechamento de uma transação internacional;
8. entender a relevância do acompanhamento dos resultados dos negócios realizados para manter o vínculo com o cliente e assegurar a realização de novas operações.

5.1 Entendendo o contexto

Identificar adequadamente o contexto em que se desenvolverá uma negociação é o primeiro passo para garantir seu sucesso, pois tal atitude proporciona os elementos necessários para subsidiar um adequado planejamento das etapas seguintes. Quando se planeja, consegue-se antever possíveis rumos que a negociação pode tomar, estabelecendo alternativas de ação para cada caso. Deixar-se surpreender por uma situação imprevista pode paralisar o negociador, ou pior, pode levá-lo a tomar decisões ruins e provocar o fracasso antecipado do processo.

É possível realizarmos o estudo do contexto onde acontecerá a negociação sob dois pontos de vista distintos: contexto em termos de espaço físico, geográfico ou tecnológico onde serão realizados os encontros para discutir a agenda, apresentar propostas, aproximar posições e, finalmente, se tudo der certo, chegar a um bom acordo (bom acordo para todos, sempre é bom lembrar!).

Nesse sentido, os encontros podem ser realizados em forma virtual ou presencial. Com o elevado nível de tecnologia disponível no setor de comunicações atualmente, muitas vezes não é necessário, principalmente por uma questão de custo econômico e de tempo, realizar reuniões presenciais. Pelo menos, na primeira fase de negociações, que, pela sua complexidade, exigirá diversas reuniões para discutir os temas envolvidos, torna-se recomendável o uso de videoconferências ou até mesmo audioconferências.

Essa questão fica ainda mais relevante quando as empresas que estão negociando têm sua sede em cidades, ou até mesmo países, diferentes. Efetivamente, uma das razões que leva o processo de negociação a se tornar oneroso e consumir muito tempo em nossos calendários é a necessidade de viagens. Muitas vezes, os funcionários da empresa têm de viajar para onde se situa a empresa do cliente, ou o escritório dos seus advogados, ou para uma reunião conjunta na sede do banco ou do órgão de fomento que financiará o projeto, ou onde mais eventualmente pode acontecer uma reunião de negócios.

Muitos compromissos são agendados a apresentação de um documento, por exemplo, que constitui apenas uma das etapas do processo para aprovação, como um projeto de engenharia. Entretanto, a menos que esse documento seja curto o suficiente para ser completamente examinado durante a reunião, pode ser mais vantajoso encaminhá-lo antecipadamente, juntamente com as demais informações correlatas, antecipadamente e tratar eventuais dúvidas por teleconferência, meio pelo qual se pode responder a todas as perguntas que possam surgir sobre o tema e aprovar o documento sem necessidade de um encontro presencial.

> Vale lembrarmos que se trata de um processo negocial, em que serão apresentados, na maioria das vezes, valores orçamentários, com detalhamento de custos, receitas, margens de resultado e outros números internos que exigem sigilo e confidencialidade. Dessa forma, devemos ter cuidado com o uso de tecnologias abertas para fazermos as reuniões por áudio ou videoconferência.

Do mesmo modo, nas reuniões presenciais, é importante estarmos atentos a pessoas alheias ao processo, o que pode levar a eventual vazamento de informações e situações constrangedoras, tendo em vista que, muitas vezes, se faz referência a terceiros durante as negociações, mencionando-se dados e fazendo-se avaliações que jamais devem sair do ambiente em que as partes diretamente interessadas estão reunidas. Esse alerta é especialmente importante porque muitas reuniões de negócio acontecem em ambientes públicos, como restaurantes. Embora o encontro possa se dar em espaço reservado, sempre haverá alguém entrando e saindo da sala, como o *maître*, o garçom etc.

Há situações mais extremas de cuidado com a confidencialidade, pois, por vezes, uma negociação começa de maneira casual, em ambientes abertos, com muita circulação de pessoas, como no elevador, por exemplo, ou em um avião.

> Certa vez, um amigo meu, profissional da área de finanças, relatou uma situação em que encontrou, em uma viagem aérea, um colega do qual há muito tempo não tinha notícias. A última vez em que tinham se visto havia sido na faculdade. Depois disso, cada um seguiu sua carreira como executivo de finanças em empresas e cidades diferentes. O encontro foi uma retomada do contato entre os dois e, no meio de tantos assuntos que tinham para conversar e atualizar-se, falaram das empresas em que trabalhavam atualmente e dos principais projetos que essas companhias estavam empreendendo no momento. A conversa transcorreu animada durante todo o voo. No final da viagem, quando se levantaram para sair do avião, meu amigo reparou que no banco de trás vinha sentado outro executivo, conhecido apenas de vista, mas que ele sabia que trabalhava para uma empresa concorrente daquela em que seu colega de profissão atuava.

> Casos como esse acontecem todos os dias, porque as pessoas, no calor de uma boa conversa, esquecem que estão em um ambiente aberto, onde alguém, com outros interesses, pode estar próximo e ouvir o que está sendo dito. As consequências de uma situação como essa são imprevisíveis. No caso narrado por meu amigo, não se soube de maiores implicações, mas o fato relevante é que a pessoa que estava na fileira de trás do avião ouviu toda a conversa, inclusive informações relacionadas aos negócios de uma empresa concorrente da sua, que podem ter sido aproveitadas para modificar suas próprias estratégias e antecipar movimentos em relação à rival. Isso, enfim, nunca se saberá, mas o que se sabe é que discrição e sigilo são qualidades fundamentais para um bom negociador, ainda mais quando um encontro acontece em lugares expostos ao público.

Outro ângulo sob o qual se pode compreender o contexto onde se desenvolve uma negociação é o da **dinâmica interpessoal** que se produz no processo. Além de perceber o contexto como um ambiente físico estanque, inerte – que é importante pelos aspectos elencados anteriormente –, é fundamental entendê-lo como um espaço de relacionamento interpessoal, no qual se desenvolvem múltiplas interações marcadas pela história pessoal de cada um dos indivíduos presentes no encontro.

É primordial entendermos que o processo de negociação, do início ao fim, envolve pessoas e, como tal, é cercado por expectativas, desejos, temores, crenças e valores, que influenciarão sobremaneira o procedimento dos intervenientes. Por essas razões, é impossível fazermos da negociação um processo absolutamente racional, mas quanto melhor avaliada e identificada a personalidade dos participantes e seus vínculos organizacionais, sociais e culturais, muito mais fácil será entender as emoções e sentimentos que estarão desempenhando papel ativo no processo.

Por exemplo: se você está iniciando conversações para a venda de um equipamento industrial novo, de valor expressivo, para uma grande empresa, e o seu interlocutor é um gerente de compras recém-empossado no cargo, ele provavelmente vai querer "mostrar serviço", extraindo de você, agressivamente, as melhores condições de preço e pagamento possíveis, afinal, essa é a principal missão de um gerente de compras em uma empresa, ainda sabendo que terá sua *performance* inevitavelmente comparada com a de seu antecessor. Identificar o vínculo organizacional do seu interlocutor ajudará você a compreender melhor as motivações que irão movê-lo durante a negociação.

Dessa forma, compreendendo antecipadamente o contexto em que a negociação se desenvolverá e percebendo que seu interlocutor somente estará interessado nas questões financeiras, você poderá, por exemplo, habilmente sugerir que participe da reunião o gerente industrial, responsável técnico pela qualidade e eficiência da produção na empresa onde o equipamento será instalado, se houver sucesso na negociação.

Da sua parte, é recomendável que você leve o engenheiro responsável pela fabricação do equipamento, que apresentará as principais características técnicas do produto e as vantagens que ele proporciona em termos de aumentar a velocidade atual da produção, menor índice de falhas e, consequentemente, de retrabalho etc.

Enfim, a compreensão preliminar do contexto possibilitará a você organizar a apresentação de tal modo que, embora seu produto possa ter um preço superior ao inicialmente previsto pelo comprador, os benefícios que proporciona são exponencialmente superiores. Para isso, você vai dispor da ajuda do gerente industrial da empresa compradora, que o ajudará a persuadir o gerente de compras, pois estará interessado na qualidade e produtividade que o equipamento a ser adquirido agregará à área sob sua responsabilidade. Embora ele certamente tenha participado da análise preliminar da proposta, enviada por escrito anteriormente, sua presença na reunião fará a discussão pender a seu favor, pela força e riqueza que os argumentos expressos de maneira pessoal têm em relação a um simples parecer por escrito, ou a um mero "ok" do departamento industrial que efetuou a consulta sobre a compra, no memorando interno.

Pelo exemplo dado, podemos perceber que o entendimento do conjunto heterogêneo de percepções e diferentes formas de ver, julgar e agir, que estarão presentes em uma mesa de negociações é fundamental. E mais: vale observarmos que estamos tratando da forma única de ser de cada indivíduo, a qual não é formada somente pelos seus vínculos sociais e organizacionais, mas por um complexo processo de acumulação, e consolidação de pensamentos, ideias, sensações e emoções; conformando comportamentos que são ora inatos, ora adquiridos por aprendizagem e amadurecimento no decorrer de sua vida.

Hofstede (1997) indica que a forma de ser única de cada indivíduo é constituída por três camadas distintas, que são responsáveis pela maneira singular com que ele desenvolve sua programação mental, a saber:

Figura 5.1 – As três camadas responsáveis pela maneira única de ser de cada indivíduo

- Específico do indivíduo — Personalidade — Herdado e aprendido
- Específico do grupo ou categoria — Cultura — Aprendido
- Universal — Natureza Humana — Herdado

Fonte: Adaptado de Hofstede, 1997, p. 4, tradução nossa.

Conforme podemos verificar, na camada mais baixa da pirâmide de Hofstede, está a natureza humana, de caráter mais genérico e universalista. Por isso mesmo, é a camada da base, mais extensa, de maior amplitude e sobre a qual se fundamentará o desenvolvimento posterior do indivíduo. Esse conjunto de características vem incorporado ao indivíduo desde o útero materno. É a herança que recebe de seus antecessores e que passará adiante, às próximas gerações. São ações e reações comuns a qualquer ser humano, com quase nenhuma variância por força de influência cultural, geográfica, racial ou religiosa.

Natureza humana é a característica essencial do ser humano que o faz atuar de maneira semelhante quando confrontado com a mesma situação. Por exemplo: as expressões faciais de alegria, tristeza ou raiva são similares em todas as raças e culturas; a forma como as pessoas usam os olhos para transmitir determinadas mensagens ocorre da mesma forma, seja nos

Estados Unidos, na Índia ou na Noruega; a tendência de uso da mão esquerda (ser canhoto) em todos os povos é absolutamente constante. Existem alguns atributos de caráter universal dos seres humanos sobre os quais é interessante ter conhecimento, pois podem influenciar de modo especial em um processo de negociação, por exemplo:

- necessidade de afeto e reconhecimento;
- preocupações e crenças a respeito da morte;
- percepção e classificação do outro em função da idade;
- preparação e compartilhamento da comida;
- saudações de entrada e de despedida;
- propriedade e territorialidade;
- casamento e formação de família;
- linguagem figurativa;
- higiene;
- música;
- consciência e preocupação em relação à própria imagem (o que as outras pessoas pensam a respeito).

Na segunda camada da pirâmide, encontramos o conjunto de atributos que o ser humano apresenta em função da cultura da região ou país onde se criou. São características apreendidas durante a vida, específicas para determinado grupo ou categoria de pessoas, que estão fortemente associadas ao conceito de *povo, raça, religião* e *nação*. Por essa diversidade de tantos grupos de influência, podem coexistir subculturas mais específicas dentro de uma mesma cultura.

Tomemos o exemplo da Espanha: o extremo norte do país, onde se localiza a região basca, é muito diferente da região sudeste, onde está localizada a Catalunha. Por sua vez, ambas diferem em larga medida da região central do país, onde está o espanhol típico. A região basca é chamada por alguns de *País Basco*, tal a sua diferença em relação ao restante da nação, e compreende as comunidades autônomas do País Basco e de Navarra, na Espanha, além do Iparralde, na França. Têm, assim como a Catalunha, uma forma de ser muito própria, inclusive com idioma diferente, que pode ser visto no nome de ruas, edifícios, monumentos e outros lugares públicos. Esse idioma é ensinado também na escola, em paralelo com o idioma oficial do país, o espanhol. Todas essas características confere a essas regiões uma identidade cultural muito forte. Então, se você sentar à mesa de negociações com um espanhol, além de conhecer aspectos próprios da forma de ser da nação espanhola, você precisará saber mais detalhes sobre as subculturas existentes no país para melhor planejar sua estratégia de negociação e, assim, identificar com maior precisão os fatores que serão chave para o sucesso do acordo.

Finalmente, no topo da pirâmide, encontramos os atributos específicos do ser humano, que lhe são dados única e exclusivamente por sua personalidade, parte dos quais lhe são natos e parte são adquiridos por aprendizagem durante sua vida. O estudo e a compreensão desse complexo de predicados e particularidades do indivíduo são construídos pelo arranjo especialmente formado pelas dimensões dadas pela natureza humana que herdou, pela cultura que aprendeu e incorporou e pela personalidade que desenvolveu como resultado da interação entre seus componentes genéticos e o meio em que nasceu e cresceu. É com base nesse conjunto que o negociador pode ter mais chances de sucesso em sua tarefa.

Obviamente, não pretendemos que você vá a uma reunião de negócios com um relatório confidencial do serviço secreto de inteligência, contendo todos os detalhes sobre a vida das pessoas que você encontrará e que tomarão parte no processo. No entanto, é de fato muito importante que você reúna a maior quantidade possível de informações sobre o *background* de cada participante. No contexto atual, com a exposição nas mídias sociais, multiplicidade de mecanismos de busca pela internet e a ajuda de outras pessoas (a secretária do cliente, amigos em comum etc.), essa tarefa já não é tão difícil.

5.2 Preparando o processo

Após compreender o contexto onde se desenvolverá a negociação, a próxima etapa a tratarmos é a **preparação**. Na verdade, ao estudarmos com antecipação o ambiente físico e psicológico no qual acontecerão as rodadas negociais, os primeiros fundamentos para organizar e construir um bom acordo já estão sendo desenhados. Na sequência, é necessário refinarmos o processo, buscando informações mais amplas e detalhadas sobre a transação em si, o produto ou serviço que está sendo oferecido e será objeto de discussão entre as partes, sob diversos ângulos, considerando, principalmente, o *background* de cada participante, como vimos antes.

Nesse sentido, vale a pena colocarmos aqui algumas dicas de como preparar uma reunião de negócios, para que ela seja o mais eficaz e dinâmica possível, evitando consumo de tempo e custos desnecessários. Não importa se você irá participar de uma reunião gigantesca, do tipo matricial, em que estarão presentes os principais funcionários de cada área das empresas negociadoras, ou se foi uma reunião habitual com o gerente de vendas, ou mesmo se for apenas uma videoconferência via *web*, é muito importante a organização prévia do evento.

1. Faça um plano sucinto, que estabeleça o norte que será dado à reunião. Muitas pessoas cometem o erro de entrar em uma reunião sem objetivos claros. Apenas algumas notas vão ajudá-lo. O que seria um resultado ideal da reunião para você? Quais são os temas-chave que você quer discutir? O que você quer dos demais integrantes da reunião? Se você sabe o que você quer, então terá uma melhor chance de consegui-lo. E qual é o seu segundo plano, caso a primeira ideia não logre êxito? Se não for possível chegar a um acordo conforme previsto, é importante você ter uma ou mais propostas alternativas, isto é, um plano B, ou até mesmo C.

Se você foi o solicitante da reunião e for o organizador do evento, envie a agenda referente à ocasião para todos os participantes (ela não precisa ser detalhada). Pode ser um simples esboço ou uma lista do tipo *bullet points*, com os principais pontos a serem debatidos e as tarefas a realizar. Você pode utilizar a mesma mensagem para informar os membros de sua equipe que estarão presentes à reunião e apresentá-los antecipadamente a seu cliente, podendo incluir *links* para o endereço *web* de sua empresa, no qual estão os perfis profissionais dos seus funcionários (se sua empresa adotar esta prática) ou incluir uma breve sinopse sobre cada um deles no próprio *e-mail*, com seu cargo e funções na companhia. O cliente certamente gostará do seu especial cuidado em mantê-lo informado. Já será uma primeira boa impressão, que gera confiança e aumenta a possibilidade de efetivar o negócio.

Lembre-se, porém, de que uma agenda jamais deve ser rígida. Comece a reunião abordando cada ponto da ordem do dia, na sequência que você sugeriu. Entretanto, se o cliente quiser falar sobre o último ponto em primeiro lugar, deixe-o proceder dessa forma. Se, porventura, o cliente quiser falar sobre algo completamente diferente, esteja preparado para abandonar a agenda completamente e seguir o inesperado. Afinal, o cliente tem sempre razão. Ouvi-lo será o melhor negócio para você: se a agenda não for ajudá-lo a alcançar esse objetivo, descarte-a.

2. Confirme a reunião com todos os integrantes, preferencialmente por *e-mail*. Envie uma pequena nota confirmando a reunião e a pauta. Essa é uma questão importante, principalmente para a cultura brasileira, que não é muito forte em pontualidade e comprometimento. Mais ainda se a reunião for com empresários da Inglaterra, Alemanha ou Japão, países que valorizam de maneira extrema a responsabilidade com o horário (seu e dos outros). Não se deve levar ninguém a uma reunião que já não tenha sido previamente informada, da mesma forma que não deve faltar ninguém da equipe que já tenha confirmado a presença. (Lembro de uma situação extremamente constrangedora que aconteceu alguns anos atrás com uma empresa brasileira para a qual prestava consultoria em negócios internacionais. Essa organização já estava em um estágio bastante avançado de negociação para iniciar vendas a uma empresa francesa de um de seus produtos líderes de vendas no mercado doméstico e com excelente potencial de expansão no mercado francês. Foi então agendada uma reunião de cúpula, onde estariam presentes, além dos negociadores que deram início ao

processo, os principais executivos das duas empresas e seus respectivos presidentes. Ocorre que, por um inconveniente qualquer, o presidente da empresa brasileira não pôde comparecer à reunião, enviando em seu lugar o vice-presidente. Quando os franceses, aí incluído o presidente da empresa, após estarem sentados à mesa souberam que o presidente da companhia brasileira não estaria presente, levantaram-se e retiraram-se sumariamente do recinto. Esse incidente descreve de maneira muito clara quão importante é, além da pontualidade, a presença de todas as pessoas que haviam confirmado sua participação na reunião, principalmente aquelas de hierarquia mais elevada).

3. Faça uma pesquisa. Investigue tudo que você puder sobre a outra parte e seus representantes, principalmente se for o primeiro encontro com eles. Utilize as ferramentas de pesquisa disponíveis na internet e leia o *site* da empresa de cima a baixo, com especial atenção às declarações de missão e visão. Muitas empresas dedicam um grande esforço para elaborar essas mensagens, que elas esperam serem lidas e assimiladas por seus funcionários, clientes e fornecedores. Você pode utilizar essas informações como disparadores de assunto para os primeiros momentos da reunião, ajudando, assim, a estabelecer as conversas iniciais, além de demonstrar um especial interesse pela outra parte e sua empresa. Verifique se a companhia tem liberado recentemente alguns comunicados de imprensa, para identificar quais são os novos negócios em que a empresa está se envolvendo. Em seguida, faça uma lista de tópicos que você gostaria de saber a respeito da empresa, mas sobre os quais não encontrou informações em lugar algum. Você pode usá-la logo no início da reunião,

entremeando na conversa com informações que você já tem. Verifique se há perfil dos participantes disponível nas redes sociais e, se possível, descubra onde essas pessoas já trabalharam, o que e onde estudaram, a quais grupos pertencem. Essa iniciativa irá lhe ajudar a compreender melhor a outra parte e encontrar pontos de interesse comum, o que é muito positivo para facilitar a elaboração de propostas alternativas durante o curso da negociação. Em particular, verifique se há contatos compartilhados em comum entre você e os participantes da reunião, os quais podem ser uma boa fonte de informações para você. Finalmente, tente conversar com alguém que já trabalhou na outra empresa ou para alguma das pessoas que estará na reunião, para que você possa entender melhor como é o perfil das pessoas e da companhia com a qual vai negociar, quais são suas motivações e, se possível, suas carências.

4. Planeje algumas perguntas e comentários antecipadamente. Você deve dispor de uma estratégia de "quebra-gelo" para qualquer reunião, principalmente aquela em que é a primeira vez que você encontra com as pessoas. Por exemplo: é uma demonstração de cortesia você manifestar algum interesse sobre a própria pessoa dos negociadores. Pergunte (embora talvez você já saiba), por exemplo, de onde aquela pessoa é, ou onde iniciou sua carreira. Essa atitude mostra seu lado humano, ajudando a descontrair o ambiente. Boas perguntas são o caminho para moldar o rumo da conversa, mas também é importante que você não faça somente perguntas. Coloque eventualmente alguns comentários, com o devido tato, naturalmente, sobre as respostas recebidas. Fale também um pouco de você, exponha-se, da mesma forma

que você está pedindo à outra parte para fazê-lo, pois essa postura ajuda a ganhar confiança. Entretanto, não se deve utilizar muito tempo na fase do quebra-gelo, sob pena de passar a impressão de uma postura despreocupada com o tempo; e não esqueça: tempo é dinheiro, em qualquer lugar do mundo. Então, em dado momento, você pode conduzir a outra parte a falar sobre as questões-chave do negócio, antes de introduzir suas propostas.

5. Antecipe o ponto de vista da outra parte. Antes da reunião, examine seus próprios objetivos e sua proposta com a lente da outra parte. Quais são os fatores-chave do negócio de seu cliente? Que pressões ele pode estar sentindo no mercado? Aonde o seu cliente quer ir e como você pode ajudá-lo a alcançar seu objetivo? Manter essas questões no centro de sua atenção ajudará você a criar uma proposta de valor para seu cliente. Procure, ainda, avaliar objeções ou preocupações que poderiam ser levantadas na reunião, quais informações ou dados adicionais poderiam ser solicitados pela outra parte, ou até mesmo uma comprovação do que você está dizendo. Prepare antecipadamente as respostas para as questões que você anteviu e nunca se esqueça de levar material de apoio, como a fonte das informações que você eventualmente utilizar em sua apresentação.

6. Zelo com a postura. Nunca esqueça que a primeira impressão que você cria é muito importante, por isso, vestir-se adequadamente, sorrir de maneira discreta e cumprimentar com um aperto de mão confiante sempre é uma boa pedida para iniciar uma negociação com o pé direito. Contudo, a postura em uma reunião não envolve somente a impressão da chegada. No decorrer da reunião, é preciso manter alguns cuidados

que denotarão sua educação pessoal: peça sempre a palavra antes de se pronunciar; nunca interrompa alguém de forma abrupta e inesperada; fale de forma objetiva, com argumentos que fundamentem suas colocações; evite aqueles hábitos que demonstram ansiedade, pois, em geral, são inconvenientes (mexer constantemente com os papéis e documentos à sua frente, ficar batendo ou girando a caneta em cima da mesa, tamborilar os dedos sobre a mesa ou ficar passando a mão repetidamente sobre o cabelo etc.); lembre-se de desligar seu telefone celular, ou, pelo menos, de colocá-lo no modo silencioso. Se você tiver de enviar ou responder a uma mensagem urgente via sms, *e-mail* ou algum outro aplicativo de mensagens instantâneas, saia da sala para fazer isso – não existe nada mais desagradável para quem está falando em uma reunião do que ver as outras pessoas digitando freneticamente mensagens em seu celular ou *tablet*. Também é de bom tom não sussurrar com os colegas de equipe enquanto alguém da outra empresa está falando.

E o mais importante de tudo, a regra de ouro do sucesso: saiba ouvir todas as opiniões presentes, tomando nota. Isso será útil para futuras considerações e discussões internas com sua própria equipe. Para cumprir essa tarefa de maneira organizada e rápida ao mesmo tempo, escreva as informações em forma de esboço, ou palavras-chave sob cabeçalhos separados. Se você levar mais de uma pessoa para a reunião, designe um membro da equipe para ser o anotador, de modo que os outros participantes possam se envolver mais plenamente com o cliente. Entretanto, se você for a única pessoa de sua empresa na reunião, tenha cuidado para não enterrar a cabeça no seu *notebook* ou caderno de notas enquanto o cliente está falando. Tente fazer contato visual frequente e manifeste periodicamente alguma frase indicativa de sua atenção, como "bom ponto", ou "é importante saber isso". Se você tem perguntas, escreva-as em suas notas e aguarde até que o cliente tenha terminado de falar antes de perguntar a ele.

Finalmente, vale mencionarmos que seu trabalho não termina quando a reunião é concluída. É importantíssimo manter o processo de negociação em andamento após o fim da primeira reunião, e uma boa maneira de se fazer lembrar ao cliente é com um *e-mail* cortês e profissional, informando os principais tópicos discutidos na reunião e as ações a serem executadas na sequência de acordo com o decidido no evento. Dessa forma, todos os participantes mantêm as informações e responsabilidades alinhadas, contribuindo para o avanço eficiente da negociação.

Mas a preparação implica algo mais do que simplesmente coletar informações minuciosas e organizar uma agenda de reuniões. É preciso entender a outra parte e os desejos e aspirações que estarão implícitos na proposta, além de possíveis necessidades correlatas, já percebidas ou não pela outra parte, que poderão influenciar decisivamente o rumo das negociações.

Assim, a preparação se torna uma etapa-chave do processo, à medida que nessa fase se identificam possíveis **desbloqueadores da negociação**, ou seja, elementos que surpreendem positivamente a outra parte, oferecendo-lhe algum tipo de ganho ou benefício ainda não imaginado por ela quando se iniciaram as negociações. Trata-se de uma verdadeira "carta na manga", como se dizia antigamente, quando um jogador surpreendia o outro com uma ação inesperada e que mudava o rumo do jogo.

Entretanto, é importante destacarmos, o desbloqueador é um fator absolutamente positivo, concebido unicamente com o objetivo de agregar uma nova dimensão e um novo valor à percepção do negócio pela outra parte. Dessa forma, em uma negociação que eventualmente se tenha congelado por causa de um item em que nenhuma das partes pode ceder mais, como o preço, é possível encontrar uma saída. É claro que se trata de uma alternativa sobre a qual obviamente detalhes terão de ser discutidos e argumentações e debates deverão ser travados. No entanto, é fato que o desbloqueador proporcionará a continuidade do processo, permitindo vislumbrar que ainda existe a possibilidade de obter um acordo com a outra parte. Com efeito, desbloqueadores podem se constituir em verdadeiras propostas de parcerias, inclusive, nas relações de longo prazo entre as partes.

Sabemos que atualmente a pressão sobre o preço é cada vez maior, por duas causas principais: a) a concorrência entre empresas vem aumentando dramaticamente, à medida que o mundo se tornou uma aldeia global, e as organizações passaram a enfrentar competidores de lugares tão exóticos e distantes como Vietnã, África do Sul, Paquistão e outros; b) a economia entrou em uma fase de crescimento mais lento, apontando em alguns países para situações de recessão, com queda no valor do Produto Interno Bruto (PIB) e deterioração de indicadores sociais e políticos, dinâmica que fomenta uma postura agressiva na redução de preços por parte de empresas compradoras, a fim de poderem manter o nível de vendas aos seus clientes. A tendência de qualquer empresa é forçar para cima na cadeia de fornecimento (*upstream*) a necessidade de redução de preços, para oferecer a seus clientes (*downstream*) custos mais acessíveis, vencendo assim a acirrada concorrência, que vem, inclusive, de outros países.

Uma negociação com empresas que apresentam essa postura desemboca necessariamente em um impasse, pois o fornecedor tem um limite para suportar a redução de seus preços. Além desse limite, entrará em uma zona de prejuízo, não sendo conveniente para ele ir adiante na negociação. Dessa maneira, perdem-se muitos negócios.

A fase de preparação da negociação busca justamente identificar esses possíveis obstáculos do decurso do processo, antecipando ideias e propostas que poderão ser colocadas à mesa no momento mais conveniente para desbloquear o impasse.

Assim, propostas que impliquem uma colaboração mais estreita entre as empresas negociadoras, que vá além do dia a dia dos negócios, produzindo resultados altamente satisfatórios e contínuos no tempo, serão particularmente atrativas para a outra parte, podendo exercer papel fundamental na tomada de decisão, não obstante o preço não ser o que inicialmente a outra parte pretendia obter. O segredo está em fazer o outro perceber que o valor final da negociação não está centralizado em um único fator, como o preço. O valor final do negócio, em muitos casos, deve ser calculado considerando os benefícios obtidos ao longo do tempo e em todos os aspectos que envolvem o produto e os serviços associados à operação, alguns inclusive de valor intangível, como a pontualidade na entrega, por exemplo.

Na fase de preparação, estudar adequadamente as características da atividade do comprador e as necessidades que podem estar presentes em seu processo operacional pode indicar alternativas negociais diferenciadas para aquele cliente em especial.

Conceber, modelar e oferecer ao debate propostas singulares que representem efetiva utilidade adicional ao cliente serão, seguramente, a melhor saída para evitar o arrocho sobre os preços e o esmagamento das margens de lucratividade do negócio.

Um fator que pode se constituir em um valioso desbloqueador de negociações é a oferta de **serviço diferenciado de logística**, por exemplo. Colaboração nessa área já tem sido percebida por muitas empresas como uma iniciativa de agregação de valor ao negócio, cujo custo representa muito menos que os benefícios obtidos. Entretanto, esse tipo de proposta não é tão simples como fazer bolo com massa pronta. A operação logística é, muitas vezes, complexa, principalmente ao se tratar da área internacional. Pontualidade e segurança são variáveis de equacionamento muito intrincado, quando se trata de enviar um produto a outro país que está a 8.000 km de distância, utilizando diferentes modais de transporte e diferentes operadores. Pesquisa de *customer and channel management*, conduzida pelas empresas de consultoria McKinsey e pesquisa Nielsen, em 2010, apontou que apenas 20% das iniciativas de colaboração nessa área apresentaram resultados satisfatórios. Os 80% restantes foram ações bem intencionadas, mas efetivamente não agregaram valor real ao negócio entre as partes (Benavides; Eskinazis; Swan, 2012).

Vale enfatizarmos, portanto, que, embora possa ser altamente benéfico para ambas as partes, a colocação de propostas inovadoras e diferenciadas sobre a mesa de negociação, com o objetivo de evitar uma luta fratricida pelo preço, o grau de sofisticação e o nível de complexidade dessas propostas representarão, certamente, desafios adicionais.

Se duas companhias não conseguem atuar de maneira colaborativa em projetos associados, elas não vão somente deixar de alcançar os potenciais benefícios pensados inicialmente, mas correm o risco de reduzir sensivelmente a possibilidade de tentar qualquer outra iniciativa conjunta futura, pela perda de motivação e entusiasmo dentro da organização.

Com efeito, em muitas empresas, pode faltar o comprometimento da gerência média na condução de processos desse tipo, que envolvem necessariamente a troca de informações e ações de colaboração entre duas culturas organizacionais que inevitavelmente serão diferentes. A mensagem que vem da administração superior, principalmente em se tratando de grandes companhias, pode ser perdida ou sensivelmente modificada, à medida que transita pelos diferentes níveis hierárquicos e setores envolvidos. Como resultado, as gerências médias e respectivas equipes das áreas que necessariamente deverão colaborar com a proposta colocada à mesa pelos negociadores podem não ter o ânimo e a dedicação esperados pelos idealizadores da ideia. Em outros casos, a própria administração superior falha no correto dimensionamento dos recursos que devem ser alocados para que a iniciativa funcione adequadamente.

Finalmente, vale lembrarmos que uma parceria com outra organização implica uma mudança radical de postura por parte dos intervenientes que sempre estiveram acostumados a uma visão de antagonismo com a outra parte, em um contexto em que, se alguém ganha, o outro tem de perder. Uma nova proposta, que implica atuação conjunta, em que ambas as partes obterão resultados positivos, sempre é vista com alguma desconfiança pelos participantes do processo, havendo relutância no compartilhamento de informações e uma colaboração apenas parcial.

Além disso, também é difícil alinhar completamente os objetivos das duas partes envolvidas na negociação, de tal sorte que ambas obtenham resultados positivos. Diferenças de interesse entre um fabricante e um revendedor varejista, por exemplo, podem ser abissais. O fabricante vendedor pode ter como foco o aumento de sua participação no mercado, pretendendo ganhar em escala, reduzindo em consequência o custo médio de produção, ao passo que o comprador varejista pretende reduzir custos com o manuseio dos produtos e seu armazenamento. A dinâmica de relacionamento sob a perspectiva de cada uma dessas partes também é dramaticamente diferente. Enquanto um fabricante lida com uma quantidade relativamente pequena de clientes distribuidores, um varejista mantém relacionamento com centenas de fornecedores diferentes.

Entretanto, embora difícil, a superação desses desafios não é impossível. Benavides, Eskinazis e Swan (2012) propõem seis etapas importantes de preparação, para que propostas diferenciadas sejam colocadas à mesa, envolvendo efetiva parceria entre as empresas negociadoras e funcionando como verdadeiros **desbloqueadores** de impasses da negociação, atendendo a interesses de ambas as partes e proporcionando benefícios para todos os envolvidos:

1. Proponha colaboração em áreas nas quais você tem uma base sólida. Muitas vezes, as empresas são tentadas a empreender parcerias com companhias clientes como uma forma de preencher lacunas em suas próprias capacidades. Na prática, os negócios mais bem-sucedidos foram construídos

sobre os pontos fortes da empresa em vez de serem utilizados para compensar os pontos fracos. Nesse sentido, antes de colocar sobre a mesa qualquer proposta que envolva uma atuação conjunta, vale a pena perguntar: a superior administração de cada empresa tem conhecimento da proposta e aprovou-a previamente? Haverá apoio de todos os setores internos envolvidos, inclusive em longo prazo? As empresas têm equipamentos e sistemas de tecnologia compatíveis e robustos o suficiente para lidar com as novas demandas e o intercâmbio de informações que se fizer necessário? A capacidade produtiva da fábrica tem alcance para suportar um incremento acelerado dos negócios resultantes?

2. Tenha em mente sempre que os benefícios devem se estender para todos, proporcionalmente à contribuição, ao esforço e ao custo em que cada parte vai incorrer. Em um exemplo típico, duas empresas estavam estudando estreitar sua relação de negócios, implementando uma parceria na área de distribuição. Haveria redução geral de custos, pois seriam eliminados os centros de distribuição do fabricante, passando a ser utilizada a rede de unidades do comprador como uma única malha integrada de distribuição, da fábrica à prateleira de venda ao consumidor final. Entretanto, alguns executivos da empresa revendedora foram contrários à proposta, justamente porque iriam assumir um peso maior do esforço conjunto, não recebendo proporcionalmente os mesmos ganhos. Sua companhia deveria continuar mantendo o mesmo número de pessoas envolvidas na área de compras, talvez até necessitando um pequeno aumento no quadro de funcionários, ao mesmo tempo que precisaria realizar fortes investimentos em treinamento para as novas funções

que seriam incorporadas à sua rede de sucursais, enquanto percebia, por outro lado, a forte redução de custos que teria lugar na outra companhia, com a extinção de diversos centros de distribuição que ela mantinha. É importante, portanto, dividir de forma proporcional os custos e benefícios, para assegurar um acordo entre as partes. Um exemplo positivo disso ocorre quando um varejista interessado em vender um novo produto com marca própria propõe à companhia fabricante maior volume de compras de outros produtos que eles já negociam entre si, de modo que o interveniente possa suportar os custos iniciais de desenvolvimento que o novo produto certamente ensejará. Em outro caso, duas companhias concordaram em calcular detalhadamente os benefícios resultantes da inovação implementada em seus negócios, destinando uma parte proporcional da redução de custos obtida à formação de um fundo comum, administrado por ambas as companhias, para investir no treinamento de seus funcionários na elaboração de novas estratégias em comum, com o objetivo de estreitar ainda mais sua relação recíproca de negócios.

3. Selecione os parceiros com base na capacidade e nos objetivos estratégicos. A maior companhia não será necessariamente a melhor parceira. Nesse caso, vale literalmente o ditado: "tamanho não é documento". Muitas empresas ainda acreditam que poderão obter maiores benefícios ao buscar alianças com seus maiores clientes ou fornecedores. Na maioria das vezes, acabam se decepcionando. O mais importante é, na verdade, encontrar parceiros com interesses estratégicos comuns. Se sua empresa está buscando ampliar a receita de vendas em determinada região geográfica e seu maior

cliente já está suficientemente baseado naquela região, certamente renderá melhores frutos buscar alguém cuja estratégia é penetrar em novos mercados, facilitando a colaboração para a ampliação dos negócios. Por outro lado, também é importante que o parceiro selecionado tenha suficiente *expertise* para lidar com os aspectos inovadores da proposta apresentada.

4. Invista em infraestrutura e nas pessoas corretas: evoluir em uma relação de negócios com outra empresa traz em si um desafio enorme. Uma das maneiras de ampliar as possibilidades de sucesso dessa empreitada é disponibilizar recursos e pessoas especialmente dedicadas a esse fim. As empresas frequentemente subestimam os recursos necessários para fazer atuar em trabalhos conjuntos, assumindo que seu pessoal pode incorporar as novas responsabilidades sem deixar de executar suas atuais funções. Na prática, as tarefas em colaboração vão se revelar muito mais difíceis do que executar funções internamente, em razão das assimetrias culturais existentes entre as empresas parceiras. Muitas vezes, acordos decididos no âmbito sênior de gestão de duas empresas podem vir a fracassar se os gestores responsáveis por executá-lo acharem que é mais um capricho de curta duração, ou se eles não puderem ver como a colaboração vai ajudá-los a alcançar seus próprios objetivos, ou ainda se eles não têm um incentivo adequado para colocar esforço adicional além de suas responsabilidades diárias. Para evitar esses problemas, as empresas de melhores práticas dedicam recursos extras para esse tipo de iniciativa, especialmente nos estágios iniciais de um novo relacionamento. A infraestrutura adequada para uma colaboração bem-sucedida começa no

topo da organização, com um comitê de direção de líderes seniores que define a visão de um esforço de colaboração e aloca recursos para apoiá-lo. O desenho detalhado do programa de colaboração é, então, completado por uma equipe composta por membros de todas as funções relevantes de ambos os parceiros comerciais.

5. Estabeleça um sistema conjunto de gestão de desempenho. Um sistema de gestão de desempenho eficaz ajuda a empresa a garantir que qualquer projeto de longo prazo está no caminho certo para entregar os resultados previstos. Em um esforço de colaboração para reduzir custos na cadeia de suprimentos, duas companhias devem empregar o mesmo sistema de gestão de desempenho, utilizando objetivos e métricas comuns, e monitorando conjuntamente o progresso das ações programadas.

6. Estabeleça uma visão de longo prazo. Um dos ingredientes vitais de uma colaboração bem-sucedida é a capacidade de resistir aos tropeços iniciais. Em geral, toma tempo e esforço o estabelecimento de um trabalho de colaboração pleno. Ambas as partes precisam reconhecer isso e construir uma perspectiva adequada de longo prazo em seus objetivos e expectativas. Além do mais, a construção de uma aliança comercial, pela qual as partes compartilhem mais informações e depositem cada vez mais confiança uma na outra, garantirá novos e lucrativos negócios no futuro.

Perceba, então, que é preciso estar preparado para oferecer alternativas negociais à mesa. Muitas transações simplesmente deixam de acontecer porque faltaram iniciativa e criatividade das partes para encontrar soluções aos impasses que emperraram o processo. Se uma das partes, pelo menos, tivesse tido mais cuidado na etapa de preparação da negociação, buscando antecipar quais poderiam ser os possíveis empecilhos à consecução do negócio, e tivesse elaborado propostas alternativas, que mirassem mais além da discussão trivial, certamente a negociação teria tomado outro rumo.

Vale, para finalizar, o exemplo de uma grande empresa do varejo norte-americana e um fabricante brasileiro de utensílios domésticos, cutelaria e ferramentas. Em determinado momento da relação de negócios entre as partes, o assunto evoluiu para uma proposta desafiadora, que poderia produzir maiores resultados para ambas as partes, aumentando o volume de negócios para as duas empresas. Então o cliente disse: "Tenho um espaço na loja no qual eu vendo US$ 5 mil por semana. Se você me provar que pode vender US$ 7 mil no mesmo espaço, elaborando outro *mix* de produtos, o espaço é seu". Em outras palavras, de repente uma das partes dá um tapa na mesa e faz uma proposta incomum, surpreendente. É preciso estar preparado para essas guinadas de rumo em uma relação de negócios.

A empresa brasileira aceitou a proposta, realizou novos investimentos, necessários para assumir o desafio que lhe foi proposto, e hoje administra os itens de utilidades domésticas, inclusive da concorrência, vendidos nas 3 mil lojas norte-americanas do Wal-Mart, conforme o tamanho da loja e a região em que ela está. Essa empresa também é a responsável pela entrega pontual e completa dos pedidos, pela sua rotatividade e lucratividade e, ainda, pelas embalagens, material de ponto de venda e propaganda. O caso é verídico e a empresa brasileira é a Tramontina (Naiditch, 2005).

Cumprir com a proposta apresentada pelo cliente não foi certamente uma tarefa fácil. É preciso investir em estrutura e pessoas, como dito anteriormente. A Tramontina ampliou, em 2004, para 130.000 m² o seu moderno centro de distribuição (CD) em Sugar Land, no Texas, onde investiu mais de US$ 12 milhões. O novo CD da Tramontina está localizado numa região central dos Estados Unidos, próximo a um grande porto de entrada de produtos. A mercadoria da Tramontina chega do Brasil por navio, a granel, e é embalada conforme as necessidades de cada cliente (Naiditch, 2005).

Dessa maneira, a empresa consegue viabilizar a chegada de seus produtos a qualquer ponto dos Estados Unidos em, no máximo, 48 horas. Dentro do CD, há uma pequena agência de publicidade e um departamento gráfico que produzem material de apoio para o *marketing*. Também há uma cozinha de demonstração equipada com produtos da marca e um enorme *show-room*.

Ainda em relação ao exemplo da Tramontina, podemos notar, corroborando mais uma vez as etapas de preparação sistematizadas anteriormente, a implementação do uso das ferramentas eletrônicas oferecidas pelas grandes organizações de varejo, para o gerenciamento conjunto dos estoques e análise dos resultados por categoria de produto. A administração compartilhada permite um trabalho coletivo e em tempo real entre o time de analistas e de vendas da Tramontina e os compradores das unidades de varejo Wal-Mart, resultando em ganhos para todos os envolvidos.

5.3 Desenvolvendo o relacionamento

Uma vez analisado o contexto em que se desenvolverá a negociação e realizados os preparativos para o empreendimento da missão, o próximo passo é colocar a "bola para rolar no gramado".

Em geral, a primeira etapa para o desenvolvimento de uma operação comercial é a aproximação entre vendedor e comprador, a qual pode acontecer de distintas maneiras, dependendo da forma como as partes tomaram conhecimento uma da outra.

Em uma operação internacional, a abordagem inicial pode ocorrer por intermédio dos seguintes canais:

- Contato direto
  - Por *e-mail* ou telefone, com clientes identificados por meio de pesquisas próprias realizadas na internet ou mediante informações de terceiros, como diretórios por setor de atividade do país-alvo da prospecção, bancos de dados adquiridos de empresas especializadas, informações de parceiros comerciais, agências de promoção às exportações e órgãos oficiais do país no exterior, tais como consulados e embaixadas.
  - Reuniões e visitas organizadas em missões empresariais promovidas por associações comerciais, federações de indústria, câmaras de comércio e outras entidades dedicadas a aproximar e incentivar negócios internacionais.
  - Participação em feiras e exposições de cunho internacional, como expositor ou visitante.
- Contato indireto
  - Por meio de representantes comerciais, exclusivos ou não.
  - Pelo *site* da empresa na internet.

Independentemente do canal utilizado para o contato inicial com o cliente, a continuidade do processo com vistas à concretização de futuros negócios exigirá o desenvolvimento da relação entre as partes. Construir uma relação sólida com seu cliente é fator vital para o sucesso das suas operações no longo prazo. Mesmo nos segmentos em que o consumo é massificado, como nos setores de telefonia, aéreo e bancos, a importância do cliente continua sendo fundamental para o resultado, embora companhias desses segmentos tenham enorme dificuldade de atender satisfatoriamente seus consumidores e manter sua fidelidade. Por isso mesmo, estabelecem, em geral, programas de pontuação pelo uso de seus serviços, premiando seus clientes com pontos que podem ser utilizados para consumo gratuito de seus próprios produtos ou convertidos em uma variedade de prêmios disponíveis em catálogos especiais.

Em comércio exterior, embora não seja comum a existência de relações comerciais de venda massificada, a importância de desenvolver vínculos comerciais duradouros e consistentes é ainda maior, pois o custo de prospecção e contato com novos clientes é substancialmente elevado, tornando a consolidação e retenção de clientes um fator crítico de resultado.

Para construir novos relacionamentos em operações transnacionais, será fundamental estar particularmente atento às diferenças existentes entre o mercado-alvo – isto é, aquele país escolhido para a ampliação de mercado – e o país de origem, as quais podem ser principalmente de natureza cultural, produzindo marcantes diferenças nos hábitos dos homens de negócios e na forma como conduzem suas transações comerciais.

Nesse sentido, uma das primeiras preocupações a serem levadas em conta é a apresentação pessoal, não apenas no que se refere ao tipo de traje, principalmente para as mulheres, visto que os homens têm um código praticamente universal de vestir, que é o terno, na maioria das vezes sem o colete. Ainda assim, é necessário prestar particular atenção a detalhes como cores e desenhos da roupa (na gravata, por exemplo), que podem ter peculiar significado no país estrangeiro onde está se desenvolvendo a operação, sendo, às vezes, ofensivo aos costumes locais.

Já a mulher, principalmente em países da África, do Oriente Médio e do Sudeste Asiático, deve se cercar de cuidados especiais sobre a vestimenta e a postura a adotar, pois o papel feminino nessas regiões é radicalmente diferente daquele desempenhado nos países ocidentais. Por vezes, pode ser até mesmo recomendável que a negociação seja conduzida por um homem, de forma a não chocar valores e tradições do país visitado. É importante ressaltarmos que não se deve tomar essa questão sob a ótica do preconceito ou da discriminação que possa existir em relação ao trabalho da mulher. Trata-se apenas de ter uma visão realista e prática do universo regional em que sua empresa está apostando para fazer novos negócios. Seu interesse, como executivo da sua companhia, é construir novas relações comerciais e estabelecer parcerias duradouras que produzirão para você e para a outra parte operações comerciais com bons e contínuos resultados.

Preste também bastante atenção a detalhes que no dia a dia dos negócios do nosso país já estão incorporados de forma automática em nossos procedimentos, mas que em país estrangeiro devem ser reavaliados e revistos, se for o caso. São as regras de comportamento social, estabelecidas pela tradição, e praticadas de geração em geração, até se tornarem normas de conduta, que devem ser respeitadas se você quer causar uma boa impressão aos outros. São convenções criadas, modeladas em cada sociedade pela cultura e história que lhe são próprias. Observar esses rituais demonstra não somente educação e elegância, mas pode, até mesmo, estabelecer a fronteira do respeito para com o grupo do qual se participa. É o que se chama de *etiqueta empresarial*, constituindo-se em um conjunto de regras básicas sobre como apresentar-se profissionalmente em diferentes culturas. Alguns dos mais importantes elementos para causar uma boa impressão estão relacionados a código de indumentária, linguagem corporal, cartões de visita, presentes corporativos, reuniões e eventos sociais de negócio, como almoços, jantares e coquetéis.

Um dos primeiros e mais importantes momentos de um relacionamento é o instante inicial, a apresentação. É de extrema importância, portanto, cultivar uma forma de cumprimentar adequada, que possa ser utilizada quase sempre em diferentes ambientes culturais. O brasileiro tem o costume de ser mais efusivo em sua maneira de saudar as pessoas, chegando, muitas vezes, a dar beijos no seu interlocutor, mesmo sendo a primeira vez que estão se encontrando. No Rio Grande do Sul, homem e mulher se cumprimentam com três beijos na face, o que pode provocar sérios constrangimentos em alguns países. O recomendável é um aperto de mão firme e um sorriso amável nos lábios, mas sem excessos e, principalmente, sem qualquer aproximação excessiva. Na dúvida, é melhor ser comedido. Peque pela falta, não pelo excesso. Mantenha uma fleuma britânica, pelo menos no primeiro encontro, atuando de maneira serena e imperturbável.

Em alguns povos, o respeito à idade e à hierarquia está entranhado historicamente nos hábitos culturais. Nesses casos, é aconselhável observar com redobrado cuidado os termos da etiqueta social, permitindo aos mais velhos entrar primeiro na sala, tomar a palavra apenas quando for claramente a sua vez de falar, aguardar para sentar à mesa depois dos outros. Nas apresentações, a pessoa mais jovem ou menos influente é sempre apresentada à mais velha e mais influente.

A maioria dos treinamentos e cursos superiores relacionados à área de negócios não inclui em seu programa tópicos relacionados a situações sociais profissionais. Segundo Pachter (2013), é particularmente importante observar algumas orientações de comportamento:

- **Sempre fique em pé, quando for apresentado a alguém**: ficar em pé impõe, de maneira sutil e cortês, a sua presença. As pessoas não deixarão de notar você e sua educação. Se eventualmente estiver em uma posição em que não pode se levantar, incline-se levemente à frente, em um gesto de saudação, indicando ao mesmo tempo que você levantaria se pudesse.
- **Diga apenas uma ou duas vezes "obrigado" durante um encontro de negócios**: não é necessário agradecer, durante uma conversa, mais do que duas vezes. Do contrário, você corre o risco de parecer desamparado ou necessitado, deixando de provocar o efeito positivo de uma palavra de agradecimento colocada de maneira pausada e firme durante a conversação.

- **Não cruze suas pernas**: isso vale principalmente para mulheres, pois pode provocar um efeito de distração indesejado e até mesmo inconveniente em algumas culturas. Além disso, não faz bem para a circulação sanguínea.
- **Mantenha seus dedos da mão juntos, quando precisar apontar para algum ponto**: novamente, um hábito que deve ser cultivado em função de diferenças culturais. Apontar somente com o dedo indicador pode parecer para algumas pessoas um gesto agressivo ou, no mínimo, indelicado.
- **Seja polido no encerramento**: prepare-se para finalizar um encontro quando você estiver com a palavra. É muito rude você interromper pessoas que estão falando, seja seu convidado ou anfitrião, para dizer que você precisa ir embora. Aguarde a sua "deixa" e encerre com chave de ouro um encontro no qual você marcou presença pela sua educação e cortesia na mesma medida de sua competência comercial.

Outro hábito importantíssimo, que deve ser cultivado e exercido em qualquer lugar do mundo, é a **pontualidade**. Vale destacarmos que não é somente na Grã-Bretanha, no Japão ou na Alemanha que essa virtude é admirada e praticada com zelo e empenho. Em qualquer país do mundo, um profissional de negócios deve primar pela pontualidade no atendimento dos compromissos assumidos, inclusive no Brasil. É preciso deixarmos de lado nossa negligência com esse atributo, sinônimo de respeito para com o outro, com quem se tem um horário combinado. Mais que um tema de educação, é um dever assumido e, como qualquer outra obrigação, deve ser cumprida integralmente.

> Zelar pelo tempo é importante em qualquer situação de uma operação comercial. Responder rapidamente a um pedido de informações de um cliente é tão importante como chegar no horário em um encontro ou entregar as mercadorias no prazo. Da mesma forma, se estiver a cargo de conduzir uma reunião, informe a todos os participantes não somente a hora estabelecida para seu início, como também para seu término. Organize uma agenda compatível com a quantidade de tempo disponível e administre adequadamente a reunião para que termine no horário. Mesmo em um almoço ou jantar com o cliente, em que o clima é mais descontraído e informal, nunca deixe de chegar no horário. Se for você quem convidou, chegue até mesmo um pouco antes, pois, se o convidado se adiantar, você já estará lá, pronto para recebê-lo.

Aliás, tomar o mesmo cuidado com eventos sociais, nos quais você está representando sua empresa e podem ser originados novos negócios, é igualmente importante. Um encontro profissional acompanhado por um almoço ou jantar é um momento ímpar para você mostrar, ao mesmo tempo, boas maneiras, profissionalismo e cortesia, que podem render bons frutos na relação comercial.

Dessa forma, é importante saber que existem duas etiquetas básicas à mesa: a americana e a europeia. O estilo americano é formado por regras mais modernas e práticas. Utiliza-se o garfo com a mão direita. A faca, quando não está em uso, fica colocada sobre o prato, na parte superior, com a serra voltada para dentro. Quando for utilizar a faca, troca-se o garfo de mão. A faca é sempre usada na mão direita. Enquanto não estiver utilizando o garfo, repouse-o sobre o prato, nunca sobre a toalha.

O estilo europeu, como não poderia deixar de ser, é mais antigo, sendo aquele que tradicionalmente se adota, principalmente em eventos mais formais. O garfo é sempre usado na mão esquerda, e a faca, na direita. Na hora de se colocar os talheres sobre o prato, obedece-se à mesma lógica. Lembre-se de **sempre** descansar os talheres sobre o prato.

Em qualquer estilo praticado à mesa, é conveniente sempre observar certas regras básicas, como não gesticular com algum dos talheres na mão. Isso seria muito grosseiro, indicando total falta de preparo para portar-se à mesa.

Em geral, há uma quantidade grande de talheres colocados à mesa – para a entrada, o prato principal e a sobremesa. O equipamento destinado a esta última parte da refeição é disposto à frente do prato; os demais, garfos à esquerda e facas à direita. Eles devem ser utilizados de fora para dentro. Um pequeno prato para o pão estará à esquerda do prato principal (com uma faca para manteiga sobre ele) e as taças para água, vinho tinto e vinho branco estarão, nessa ordem, à direita.

Quando você tiver encerrado, seja a entrada ou o prato principal, coloque os talheres juntos e alinhados no prato, na vertical em relação a você, garfo à esquerda, faca à direita. Isso sinalizará ao garçom que você terminou e ele virá retirar o prato. Jamais mexa no prato, colocando-o mais distante de você ou mais próximo à borda da mesa para que o garçom o pegue. O garçom sabe realizar sua função; não é necessário – nem elegante – você ajudá-lo. A última regra de ouro refere-se à colocação dos braços: nunca repouse os cotovelos sobre a mesa.

Você notará, quando o prato for peixe, que a faca é diferente, mas não se preocupe com isso, pois a utilização é a mesma. Difere apenas no formato e no fato de não ter serra. Quando o cardápio incluir massas longas, como *fettuccine*, *tagliatelle* e *spaghetti*, não é elegante cortar a massa para comê-la. Deve-se enrolar a massa no garfo, com o auxílio de uma colher grande se necessário, que estará colocada à direita do prato, com a faca.

Vale ainda lembrarmos que, quando convidar um cliente para comer em restaurante, será muito cortês de sua parte manter harmonia entre seu pedido e o dele, evitando deixá-lo em situação constrangedora. Assim, se ele pedir um aperitivo ou uma sobremesa, faça o mesmo. Outro cuidado que se deve tomar quando se convida alguém para comer é indagar a própria pessoa ou seu assessor sobre quais são seus hábitos alimentares. Dessa forma, você não corre o risco de levar um vegetariano a uma churrascaria.

Com efeito, além do conhecimento comercial e técnico, um homem ou mulher de negócios tem de aprimorar também habilidades que lhe permitam atuar com desenvoltura em todas as situações que poderão acontecer em função do relacionamento com seus clientes, a fim de pavimentar e consolidar uma parceria duradoura. Lembre-se: a chave para o sucesso é ir além da primeira operação. Por isso, é necessário construir um relacionamento alicerçado na confiança mútua e na competência profissional, entregando valor ao cliente de forma consistente e contínua.

Mantenha permanentemente um fluxo contínuo de comunicação com o cliente. Além de transmitir novidades que interessam à sua empresa, como novos produtos e serviços disponíveis, é importante dispor de um canal aberto para ouvi-lo, conhecer suas necessidades, comentários e, principalmente, reclamações. Essas informações serão muito úteis para alimentar inovações internamente. É fundamental dar retorno ao cliente sobre os contatos que ele fez, demonstrando claramente que sua empresa mantém um processo de comunicação em mão dupla. Essa iniciativa consolida o sentimento de confiança do cliente, pois ele percebe que haverá alguém para escutá-lo em qualquer momento em que ele desejar ser ouvido.

Seja sempre o mais claro e transparente possível. Uma relação de longo prazo exige, além de confiança, respeito e honestidade. Isso significa que, mesmo aquela famosa "mentirinha inocente", usada muitas vezes para justificar o atraso em uma entrega ou em responder um *e-mail*, deve ser evitada. Nunca subestime a inteligência da outra parte, pois ela faz negócios tanto como você, e perceberá claramente quando você está fazendo uso de algum tipo de manipulação, ainda que de maneira suave. Contar a verdade e nada mais do que a verdade o ajudará a construir uma reputação sólida e definitiva. E não esqueça que para estragá-la basta um simples deslize.

> Lembro que, em certa ocasião, contratei um jardineiro para fazer o corte da grama e o tratamento das plantas em minha casa, pois eu havia recebido recomendação dos seus serviços, visto que era tido como profissional de excelente nível e bastante responsável. Telefonei para ele e combinamos o trabalho para a semana seguinte, quando ele tinha um dia livre em

> sua agenda. Entretanto, no dia marcado, não apareceu. No dia seguinte, liguei novamente para ele. Logo após eu me identificar, ele nem sequer esperou que eu reclamasse, ou pelo menos perguntasse o que havia ocorrido. Imediatamente ele reconheceu a falha: havia atendido minha ligação anterior quando estava no trânsito e, após combinar a data para realizar o trabalho, não pôde anotar imediatamente em sua agenda, esquecendo de fazê-lo mais tarde. Humildemente, pediu desculpas. Foi extremamente honesto da sua parte admitir sua falha completamente, arriscando inclusive a perder seu cliente. Foi essa atitude que me impressionou e eu resolvi aceitar seu pedido de desculpas e combinar nova data, na qual ele compareceu. De lá para cá, ele é responsável pelo serviço de jardinagem e nunca mais houve qualquer falha.

A transparência e o compromisso com a verdade acima de tudo produzem uma percepção positiva nas pessoas e as incentivam a manter a relação, apesar de eventuais falhas que possam acontecer. O raciocínio é o seguinte: erros sempre acontecem, pois há pessoas envolvidas, mas encarar a falha de maneira profissional e com humildade ajuda muito a superar o estresse e as consequências negativas de qualquer lapso que eventualmente ocorra.

Finalmente, lembre-se de que manter é muito mais econômico do que conquistá-lo. Se você já conseguiu estabelecer um relacionamento concreto com seu cliente, conquistando sua preferência nos negócios, é preciso reconhecer e recompensar esse vínculo, ações que podem ser feitas de várias maneiras. Você pode, por exemplo, convidá-lo para um almoço em um bom restaurante (o que sempre poderá resultar em mais negócios);

estabelecer uma tabela de descontos de preços ou programa de pontos em função do volume e da habitualidade de compras; ou, ainda, oferecer um presente. Sobre esta última possibilidade, entretanto, vale um alerta: presentes corporativos não são o mesmo que presentes pessoais. Você pode presentear um amigo seu no aniversário dele, no Natal ou até mesmo sem qualquer motivo especial, somente para expressar sua afeição.

Com efeito, oferecer um regalo a alguém que representa uma corporação pode eventualmente provocar algum mal-entendido, dependendo das circunstâncias em que isso ocorre. Aspectos culturais, religiosos e políticos podem influenciar em uma visão completamente diferente daquilo que foi sua intenção inicial: fazer uma cortesia a alguém em função da relação comercial existente ou vindoura. Em alguns contextos, esse gesto poderá ser interpretado como uma tentativa de suborno ou uma grosseria, como presentear uma pessoa de fé muçulmana com uma garrafa de uísque. Você pode até ter escolhido um uísque famoso, de excelente qualidade, envelhecido em barris de carvalho por 24 anos e, no entanto, não irá atingir seu objetivo de provocar uma boa impressão na outra parte. Torna-se fundamental, portanto, conhecer os costumes do país onde se encontra o destinatário do presente bem como as regras estabelecidas pela instituição à qual pertence, que pode ser uma empresa privada ou um órgão de governo. Quase todas as instituições têm regras bem estabelecidas sobre a política de aceitação de presentes por parte de seus funcionários.

Em termos culturais, Dinamarca, Inglaterra e Austrália são exemplos de países onde não se esperam presentes em função de uma relação comercial. Por outro lado, no Japão, na Indonésia e nas Filipinas, trocar presentes é uma iniciativa fortemente enraizada nas tradições locais. Em alguns lugares, mais importante que o próprio presente é o ritual de outorgá-lo a alguém. Dar um presente, nesses casos, é uma cerimônia em que se celebra a amizade, o respeito e a gratidão. É preciso prestar, portanto, muita atenção no pacote e no papel de embrulho, usando-se apenas material de alta qualidade. Além disso, existem ainda algumas peculiaridades que merecem muita atenção: na Ásia e no Oriente Médio, utilize somente a sua mão direita ou as duas mãos quando vai entregar ou receber um presente de alguém. Em Cingapura, uma pessoa normalmente recusa até três vezes um presente antes de aceitá-lo. No Chile, assim como em vários outros países, os presentes devem ser abertos logo após serem recebidos. É absolutamente indelicado guardar o presente ou colocá-lo à parte sem abri-lo.

No que se refere ao valor do presente, tenha em conta que ele não deve ser muito barato, pois você estaria comprometendo a imagem da sua empresa e o objetivo de reconhecer a importância do relacionamento comercial com algo de valor muito pequeno. Entretanto, também não pode ser algo excessivamente caro e suntuoso, pois poderá caracterizar ostentação e provocar constrangimento se a outra parte não puder oferecer reciprocidade. O importante é pensar em termos de qualidade e graça. Um presente original, diferente e relacionado com a pessoa que está recebendo, que revele que quem comprou se preocupou em escolher algo particular para demonstrar seu apreço, sempre causará boa impressão. E se, eventualmente, sua empresa tiver uma política de presentear com frequência, utilizando para isso artigos produzidos em série e com a logomarca da empresa, é importante que a logo seja discreta.

> Do contrário, não será um presente, mas um simples brinde, e seu cliente perceberá que é dado a todos. Portanto, não há nada de reconhecimento, nem de especial nisso.

Alguns tipos de presente que quase sempre produzirão uma boa impressão são aparelhos eletrônicos e acessórios de escritório, os quais, em geral, são muito úteis a um empresário, como *tablets*, calculadoras e ponteiros laser. Canetas de boa qualidade, valises em couro ou porta-cartões de visita também são uma ótima alternativa. Se a pessoa fuma, um bom isqueiro também é uma opção. Em alguns casos, gravar o nome da pessoa no presente causa uma ótima impressão, demonstrando de maneira cabal quão particular ela é.

Não poderíamos deixar de sugerir, ainda, um presente praticamente universal: chocolate. Uma caixa de chocolates finos é a melhor alternativa quando você ainda não tem muito conhecimento sobre a outra parte e está em dúvida sobre o presente a oferecer. Pode ser utilizado como um presente para uma primeira ocasião ou como um gesto de agradecimento por um trabalho ou negócio já realizado. Também é adequado para presentear mais de uma pessoa ao mesmo tempo, por exemplo, se você desejar reconhecer toda uma equipe da empresa com a qual você faz negócios (nesse caso, compre uma caixa de chocolates bem grande). Você estará sendo gentil igualmente com todos e não provocará comparações e ciúmes desnecessários.

Encerrando, podemos dizer que, acima de tudo, as ações para desenvolver e consolidar o relacionamento com o cliente devem ser realizadas no sentido de provocar no cliente um sentimento de ser seu parceiro especial e compreender que sua empresa valoriza o relacionamento com a empresa dele como uma aliança estratégica de longo prazo e não como um simples número na lista de compradores.

5.4 Fechando o negócio

As negociações podem assumir diferentes formas. O processo de prospecção, desenvolvimento e fechamento de uma operação pode percorrer diferentes caminhos, com características e complexidades absolutamente distintas. Vender mil pares de sapato a um país vizinho certamente não tem a mesma dimensão de uma operação de exportação de 30 locomotivas para a Índia, por exemplo – não apenas o valor envolvido é diferente; as características técnicas e de manejo de cada mercadoria também são totalmente diversas. Adaptar o produto à realidade de cada país de destino, seus costumes, preferências e necessidades requer um nível particular de customização. Assim, uma exportação de locomotivas deve levar em conta o tipo de infraestrutura ferroviária do país de destino (bitola dos trilhos, peso máximo suportável, resistência de pontes e viadutos), o estilo de operação dos condutores locais (para definir como os sistemas de controle do veículo deverão estar dispostos na cabine), idioma e linguagem (o que não é a mesma coisa) a ser utilizado nos manuais, bem como nas placas e rótulos internos. Enquanto a venda de calçados deverá ter em conta aspectos relacionados ao tipo de material a ser utilizado em função do clima típico do destino, preferências de cores e modelos em função de sexo, idade, classe social.

O importante é que questões como as mencionadas sejam levantadas e discutidas com o comprador, de modo que, ao se encaminhar a operação para o seu fechamento, não haja dúvidas que possam comprometer o sucesso final da negociação e a realização de novas transações comerciais. Dessa forma, quando a negociação estiver se encaminhando para o seu fim, é fundamental repassar todos os temas tratados com a outra parte.

> Portanto, para dar início à fase de encerramento do processo de uma transação comercial, você deve ter uma compreensão clara de como as duas partes estão caminhando para fechar o negócio. Deve se preparar de antemão um pequeno plano de revisão dos detalhes da operação, perguntando, de maneira assertiva, se há ainda alguma dúvida ou questão pendente. Esse procedimento visa garantir que você não perderá nenhum ponto-chave e vai assegurar que as expectativas de ambas as partes foram contempladas.

O primeiro passo para o processo de fechamento é resumir os principais pontos de sua proposta de venda com as pessoas que tomarão a decisão. O ideal é que essa ação ocorra em um encontro pessoal, não por telefone. Pode ser realizada, por exemplo, no final de uma apresentação para o cliente ou em uma reunião especialmente arranjada algum tempo depois. Apresente um relato conciso, mas com suficiente informação para atestar os principais benefícios que seu produto ou serviço fornecerá ao cliente.

Após apresentar o relato final, caberá uma colocação do tipo: "Acreditamos que foram repassados todos os pontos-chave do negócio e esclarecidas as dúvidas que surgiram anteriormente. Alguma outra questão estaria ainda pendente?". Se não houver manifestação contrária, ou qualquer tipo de objeção, por parte do cliente, pode-se partir para o fechamento do negócio. A confiança é importante nesse momento, e cabe perfeitamente uma colocação do tipo: "Podemos seguir em frente e fechar a operação?".

Finalizada essa etapa, e não havendo mais matéria substancial a discutir, deve-se passar imediatamente para as formalidades necessárias à concretização oficial do acordo, pois o tempo é um fator importante para ambas as partes.

Negociações tendem, muitas vezes, a se estender desnecessariamente. Valorize seu tempo e o de seu parceiro, imprimindo objetividade ao processo. A princípio, as pessoas parecem não gostar muito de agir pressionadas pelo relógio, mas estabelecer um prazo, de comum acordo com a outra parte, para discutir todas as questões inerentes à operação é um incentivo saudável para levar o processo a bom termo, com satisfação mútua ao final.

> O benefício maior de estabelecer prazos, inclusive intermediários, em uma negociação, é manter controle sobre as diferentes etapas do processo, evitando estresses e atropelos de última hora, que podem trazer desgastes no relacionamento e custos adicionais, os quais alguém terá de suportar. Em muitas situações, os negociadores gastam tempo demais com detalhes pouco significativos e, no final da operação, já estão tão pressionados pelo tempo que se torna imperativo contratar um transporte expresso, para entrega urgente do produto ao destino, o que ensejará, no mínimo, uma situação desconfortável para definir quem suportará esse custo adicional.

Em alguns casos, entretanto, o fechamento da transação não parece próximo, mesmo com prazos estabelecidos. Existem divergências aparentemente inconciliáveis sobre a mesa, mas as partes ainda mantêm esperança de chegar a um acordo. Nesse tipo de situação, a operação entra em um estágio de truncamento, em que os negociadores de ambos os lados, embora tenham se esforçado, não conseguem enxergar e propor alternativas para fazer o processo evoluir. Há um consumo de tempo muito grande nessa etapa, que pode ser evitado por meio de uma das seguintes opções:

a) Se for percebido um comportamento particularmente resistente de uma ou das duas partes envolvidas, principalmente no sentido de fazer a sua melhor oferta, a escolha, de comum acordo, em envolver uma terceira parte no processo, alguém neutro, imparcial e que goze da confiança de ambos os lados, poderá destravar a negociação. Essa alternativa deve ser efetuada de uma maneira absolutamente profissional, buscando-se uma terceira parte que, além de desfrutar da confiança de todos, tenha competência e experiência em situações desse tipo, atuando como um verdadeiro conciliador de posições. Ambos os lados em negociação informam, então, para a instância conciliadora o histórico de todo o processo, os aparentes motivos do truncamento da negociação e, em caráter confidencial, suas respectivas melhores propostas. A parte responsável pela mediação avaliará todas as informações e interesses em jogo, mantendo o sigilo sobre tudo o que tiver tomado conhecimento e dirá se há alguma sobreposição entre as posições apresentadas, isto é, se é possível alcançar um ponto comum dentro da fronteira da negociação, a zona de interesses comuns e conciliáveis, conforme visto no Capítulo 1, e, assim, alcançar rapidamente um acordo satisfatório para todos.

b) Em outro tipo de situação, a resistência e o truncamento ocorrem por aspectos puramente pessoais, isto é, relacionados ao ponto de vista, à postura e ao estilo de abordagem dos negociadores. Em casos como esse, a melhor alternativa é promover habilidosamente a troca do negociador ou, se isso não for possível, incluir um novo negociador no processo, reforçando o time que já vinha conduzindo a operação e induzindo uma alteração no curso dos acontecimentos que poderá contribuir para o desenlace positivo das discussões.

> Uma negociação truncada pode ser resolvida por uma das seguintes formas:
> - mediação;
> - substituição ou inclusão de negociadores.

Em contraposição às alternativas elencadas, que têm o propósito de solução de um impasse, as empresas podem adotar outro tipo de estratégia, que se configura mais como um instrumento de pressão do que uma atitude proativa, mas que igualmente tem como objetivo a superação da estagnação do processo: a **retirada estratégica da mesa de negociações**. Esse tipo de decisão não significa que houve desistência definitiva em seguir adiante com a negociação – trata-se de uma ação mais firme de uma das partes, no sentido de forçar o outro lado a apresentar elementos novos à discussão, sem configurar, contudo, uma postura de coerção, pois não há assimetria de poder no relacionamento entre as partes nem uso de força para obter resultados que não sejam voluntários e consensuais. É uma estratégia que ocorre com frequência nas negociações internacionais realizadas em nível de governo.

O maior risco no uso desse tipo de estratégia é a outra parte responder da mesma forma, agravando a tensão já existente e levando o processo a um desastre definitivo. Mais do que a perda de um negócio, pode ocorrer a quebra do relacionamento entre as partes, o que seria catastrófico. **É uma estratégia, portanto, que não se recomenda para o âmbito corporativo, definitivamente.**

Por fim, após superar os obstáculos do caminho (assim esperamos, depois de árduo trabalho na busca do consenso), chega-se ao momento da formalização da transação. Negócios mais importantes exigem um contrato escrito. O melhor resultado que se tenha obtido por meio de habilidosas e pacientes tratativas, costuradas habilmente pelos negociadores, pode se desfazer se o entendimento realizado não é refletido corretamente em documentos formais.

> Nesse sentido, nessa última etapa deve-se ter mais atenção e cuidado que nas demais que a precederam, pois é temeroso abrir uma brecha que possa provocar perdas imprevistas, relacionadas à falta de conformidade do produto e serviços acessórios, a perdas de prazo e ao descumprimento de outras cláusulas que eventualmente tenham sido colocadas no contrato sem a pormenorizada análise dos impactos e riscos envolvidos. Pode acontecer, até mesmo, de a transação ao final resultar em um contundente fracasso, com vultosas perdas financeiras para uma das partes.

Muitas pessoas acham entediante, demorada e complexa a tarefa de analisar as cláusulas redigidas para formalizar um acordo comercial. Vale lembrarmos, contudo, que a negociação não se completa enquanto não houver a assinatura de um documento formal que ratifique o que foi combinado. Portanto, um negociador tem de saber que, além de todos os aspectos comerciais envolvidos na estruturação de um negócio, ele também deve estabelecer em conjunto com a outra parte as cláusulas que regerão o negócio, a relação e as responsabilidades decorrentes.

Mesmo estando cansado, já esgotado por um longo e árduo processo de negociação, essa é uma tarefa da qual o negociador não pode se omitir ou deixar para outros fazerem. É claro que a tarefa de redigir tais cláusulas cabe a profissionais especializados, os advogados, mas é da competência do líder da negociação a definição de quais são os termos que foram combinados e qual o limite de responsabilidade que deve ser assumido. Os advogados nada mais fazem do que assessorar o processo, encarregando-se de colocar a roupagem jurídica necessária no acordo final estabelecido e alertar para possíveis pontos de conflito, ambiguidade ou contradição.

> É fundamental ainda prestar atenção ao arcabouço jurídico que existe no outro país, buscando conhecer e compreender, pelo menos de forma geral, o principal conjunto de leis e regulamentos, notadamente no que tange às relações comerciais, os acordos internacionais aos quais se fez adesão e a estrutura administrativa e judicial para solução de controvérsias ali existentes. Quando o negócio é particularmente importante, em função da complexidade, do porte das empresas que estão transacionando e das cifras envolvidas, é extremamente aconselhável a contratação de um escritório de advogados de renome, com profundo conhecimento do marco legal que regulamenta o entorno do negócio e o foro que será estabelecido.

Alcançando a negociação efetiva

O contrato comercial deve definir de modo claro todos os termos da operação a realizar, proporcionando adequada segurança jurídica e comercial à transação, com amplo detalhamento do processo e das responsabilidades de cada parte, buscando-se evitar tensões e até mesmo conflitos que provocarão perdas desnecessárias de tempo e dinheiro.

Vale destacarmos que, como se trata de contratos entre partes com domicílio legal fixado em países diferentes, estando sujeitos, portanto, a ordenamentos jurídicos distintos, torna-se indispensável estabelecer no contrato internacional a lei e o foro aplicáveis, que deverão ser acionados caso venha a ocorrer eventualmente um litígio comercial.

> Sob a ótica do comprador, isto é, caso se esteja fazendo uma operação de importação, é necessário ter em conta que a empresa que está trazendo um produto para o país torna-se responsável perante o governo local pelo atendimento a todas as normas e exigências legais existentes naquele país, relacionadas a questões como segurança (caso de brinquedos para crianças, por exemplos), meio ambiente etc. Dessa forma, é recomendável, sempre que for o caso, a inserção, nos contratos, de cláusula de direito regressivo contra o fabricante.

Por outro lado, muitas vezes, a operação internacional se instrumentaliza apenas com uma simples fatura proforma. Esse documento, mais conhecido pelo nome usual em inglês, *proforma invoice*, será a única evidência formal dos termos tratados entre as partes. É utilizado em operações mais simples e quando há suficiente confiança, pois geralmente se compõe apenas de uma folha, contendo informações muito resumidas sobre as características do produto ou serviço negociado. É assinado pelo vendedor, que a encaminha para o comprador. Este, estando de acordo com as condições consignadas, assina e envia de volta para o vendedor, retendo uma cópia para seu controle. Com efeito, contém muito pouca, ou nenhuma, informação sobre aspectos técnicos do produto ou serviço a ser comercializado, inclusive no que se refere a condições de garantia e assistência técnica, por exemplo.

A fatura proforma é, na verdade, um documento de cotação de preço no qual devem constar o valor de venda da mercadoria e quaisquer comissões e taxas aplicáveis. Sua importância, portanto, reside em dar ao comprador conhecimento exato do custo final da transação, e o que está incluído nesse valor – por exemplo, o transporte e o seguro do produto enquanto está em trânsito de um país para outro. As condições de frete e seguro internacional estão padronizadas pela Câmara de Comércio Internacional, organismo com sede em Paris que reúne diversas instituições ligadas a negócios internacionais, atuando nos campos econômico e jurídico. Seu propósito é contribuir para o crescimento harmonioso e a liberdade de comércio internacional, prestando serviços práticos à comunidade empresarial internacional e incentivando a aproximação e cooperação entre empresários de diferentes países.

Apresentamos de forma resumida, no Quadro 5.1, as 11 modalidades estabelecidas por essa Câmara para contratar os termos de comércio internacional, conhecidos como *Incoterms*, em sua última versão, a do ano 2010. É fundamental para o negociador internacional o conhecimento desses termos, de forma que se evitem quaisquer mal-entendidos no que tange aos custos e às responsabilidades pela transação comercial que podem resultar em sérios transtornos para ambas as partes.

Quadro 5.1 – Padronização dos termos comerciais internacionais

GRUPO	INCOTERMS	MODAL APLICÁVEL	DESCRIÇÃO DAS RESPONSABILIDADES
E Mínima obrigação para o exportador	EXW – Ex Works	TODOS	Mercadoria entregue ao comprador no estabelecimento do vendedor.
F Transporte principal não pago pelo exportador	FCA – Free Carrier	TODOS	Mercadoria entregue a um transportador internacional indicado pelo comprador.
	FAS – Free Alongside Ship	MARÍTIMO	
	FOB – Free on Board	MARÍTIMO	
C Transporte principal pago pelo exportador	CFR – Cost and Freight	MARÍTIMO	O vendedor contrata o transporte, sem assumir riscos por perdas ou danos às mercadorias ou custos adicionais decorrentes de eventos ocorridos após o embarque e despacho.
	CIF – Cost, Insurance and Freight	MARÍTIMO	
	CPT – Carriage Paid To	TODOS	
	CIP – Carriage and Insurance Paid to	TODOS	
D Máxima obrigação para o exportador	DAT – Delivered At Terminal	TODOS	O vendedor se responsabiliza por todos os custos e riscos para colocar a mercadoria em diferentes locais, no país de destino.
	DAP – Delivered At Place	TODOS	
	DDP – Delivered Duty Paid	TODOS	

GRAU DE RESPONSABILIDADE DO EXPORTADOR

GRAU DE RESPONSABILIDADE DO IMPORTADOR

Fonte: Adaptado de Incoterms, 2010.

Outro aspecto importantíssimo no fechamento de uma negociação internacional é a forma como se fará a liquidação financeira da transação. Um pagamento internacional pode ser feito, basicamente, de quatro maneiras distintas:

1. Pagamento antecipado, que pode ser parcial ou total.
2. Remessa direta de documentos, que implica a entrega ao importador dos documentos de propriedade da mercadoria antes do pagamento ser realizado.
3. Cobrança bancária, que pode ser à vista ou a prazo, incluindo, em ambos os casos, a prestação de serviço de cobrança por parte de bancos.
4. Carta de crédito, que representa uma excelente garantia para o exportador, pois o pagamento é feito diretamente por um banco que assegura a operação comercial.

Tanto o exportador como o importador devem dedicar especial atenção à escolha da modalidade de pagamento internacional, em virtude, inicialmente, de dois aspectos muito importantes em qualquer negócio:

1. O risco de não cumprimento da obrigação da outra parte (pagamento ou entrega da mercadoria, de acordo com a situação estabelecida); e
2. O custo decorrente da escolha da modalidade a ser adotada.

Esses fatores são, evidentemente, inversamente proporcionais, isto é, se a decisão levar em conta a modalidade de pagamento de menor custo, ocorrerá que os riscos envolvidos serão maiores e vice-versa.

A remessa direta de documentos, por exemplo, é uma das opções de menor custo, entretanto o exportador não conta com qualquer garantia de recebimento da venda. Já com a carta de crédito ocorre exatamente o inverso: ela dá total segurança à operação, contudo é bastante onerosa.

Podemos notar, portanto, que a escolha da modalidade de pagamento a ser adotada em qualquer negócio internacional, bem como a distribuição dos custos decorrentes, serão o resultado da negociação entre as partes. Em decorrência, é possível afirmar que o poder de barganha é o elemento decisivo para a definição da modalidade de pagamento a ser utilizada para a liquidação da operação comercial.

Assim, se o negócio trata, por exemplo, de uma mercadoria essencial para o processo produtivo do importador, com poucos fornecedores, o mais provável é que a modalidade de pagamento a adotar seja a carta de crédito ou o pagamento antecipado. Nesse caso, o importador vai ter de suportar custos e riscos elevados, pois o poder de barganha da outra parte é muito forte e sua capacidade de negociar condições mais favoráveis de pagamento é extremamente pequena.

Ao contrário, se houver muitos fornecedores de determinado produto, as facilidades negociais oferecidas pelos vendedores desse mercado serão mais convenientes e muito dificilmente o importador será obrigado a aceitar uma modalidade de pagamento que lhe seja muito onerosa. Adicionalmente à quantidade de compradores ou fornecedores, o porte da empresa, seja ela o exportador ou importador, também é fator determinante de seu poder de barganha.

Além dos aspectos mencionados, outra variável muito importante na definição da modalidade de pagamento é a tradição de negócios entre comprador e vendedor. Tratando-se da primeira operação, ou de cliente que costuma apresentar irregularidades frequentes nos seus pagamentos, a decisão, evidentemente, terá de ser pela opção mais segura, independentemente do seu custo. Afinal, é melhor ter um lucro menor do que perder a mercadoria (além da necessidade de cumprir com as normas previstas no mercado de câmbio brasileiro para os casos de não pagamento de exportação)!

> Também é fundamental, para a escolha da modalidade de pagamento a ser utilizada, uma análise criteriosa da capacidade econômico-financeira da outra parte, buscando-se, para isso, informações através de agências internacionais especializadas, as quais emitem relatórios detalhados sobre os dados financeiros e patrimoniais da companhia solicitada, incluindo seu histórico de pagamentos, conceito e idoneidade de seus sócios, empresas coligadas etc.
>
> Outra questão muito importante é a correta avaliação do cenário político-econômico do país de destino da exportação. Isso porque, além do risco comercial da transação (aquele que leva em conta a possibilidade de não pagamento por parte do importador), existirá sempre um risco político, que é resultado da avaliação da capacidade que o país onde o importador está sediado tem de realizar pagamentos internacionais em moeda forte.

Finalmente, cabe observarmos que os aspectos financeiros inerentes a cada modalidade de pagamento é fator que exerce também influência na disputa por qual será a forma adotada. Portanto, o custo de adiantar recursos ao exportador, onerando o caixa da empresa importadora ou as elevadas despesas decorrentes da abertura de uma carta de crédito, por exemplo, também serão considerados no momento da negociação entre as partes.

Dessa forma, podemos dizer, em resumo, que a decisão sobre a modalidade de pagamento a ser utilizada em uma operação de comércio internacional é influenciada por diversos fatores, os quais podem ser agrupados em quatro categorias, conforme você pode verificar na Figura 5.2.

Figura 5.2 – Os diferentes fatores que influenciam a modalidade de pagamento internacional

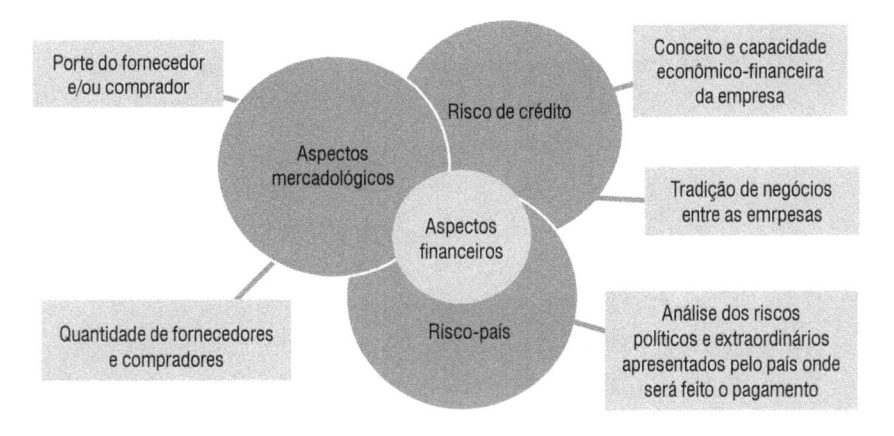

- Porte do fornecedor e/ou comprador
- Conceito e capacidade econômico-financeira da empresa
- Risco de crédito
- Aspectos mercadológicos
- Tradição de negócios entre as emrpesas
- Aspectos financeiros
- Quantidade de fornecedores e compradores
- Risco-país
- Análise dos riscos políticos e extraordinários apresentados pelo país onde será feito o pagamento

Vale lembrarmos que é essencial que as condições acertadas entre exportador e importador estejam claramente definidas na fatura proforma ou em contrato de compra e venda.

5.5 Acompanhando os resultados e mantendo a relação

Após o fechamento do negócio e sua respectiva formalização, é hora de começar a pensar nos novos negócios que poderão ser gerados com aquele mesmo cliente. É justamente esse princípio que motiva a filosofia do relacionamento de longo prazo. Manter e consolidar a relação com o cliente ao longo do tempo é a matéria essencial para o sucesso de um negócio.

Construir relacionamentos leva tempo e baseia-se na confiança. O objetivo final da sua estratégia comercial deve ser a criação de uma relação em que o cliente veja você como um referencial para consulta sobre determinados assuntos. Esse tipo de vínculo somente pode florescer em um ambiente de respeito e honestidade.

Uma transação comercial, principalmente de cunho internacional, não pode ser concebida como um fato isolado no tempo e no espaço. Ela deve ser compreendida como um elemento próprio, em função de suas características individuais de valor, produto e serviços específicos associados e, ao mesmo tempo, como parte de um todo indivisível e integrado. O que acontece em uma transação comercial afeta todo o relacionamento com o cliente e interfere nas futuras operações, que, inclusive, podem deixar de ocorrer por influência de um contrato mal redigido, uma entrega fora do prazo ou, ainda, de uma qualidade diferente da que foi combinada.

É fundamental, portanto, acompanhar e avaliar os resultados de cada transação comercial realizada, mantendo registros históricos de todos os fatos relacionados, a influência e o desdobramento que tiveram sobre o relacionamento com o cliente e, quando necessário, a solução encontrada e o nível final de satisfação do cliente.

Independentemente do resultado da venda, você precisa se certificar de que haverá um acompanhamento com o cliente logo após a tomada de decisão dele. Se a operação for bem-sucedida, uma chamada telefônica posterior ou uma reunião de acompanhamento permitirá a você agradecê-lo pela oportunidade de fazer negócios e adquirir todas as informações administrativas necessárias.

> Uma vez que a venda seja concluída e os clientes comecem a usar seu produto ou serviço, qualquer coisa pode acontecer. O comprador pode enfrentar desafios imprevistos e problemas desconhecidos na utilização do produto recém-adquirido, pois não importa quão simples imaginamos que algo seja, os clientes nem sempre seguem todos os passos até o final, ou às vezes sequer abrem o manual do proprietário. Por isso, é importante programar algum tipo de checagem com o cliente algum tempo após o fechamento da venda.
>
> Esse tipo de checagem pode ser formal ou informal, dependendo do tipo de cliente e produto vendido, e pode ocorrer tanto de modo presencial quanto por e-mail ou até mesmo por telefone. Quando o volume de venda é muito grande e fracionado, caso do mercado de bens de varejo, por exemplo, essa função deve ser desempenhada por um setor ou departamento especialmente estruturado para tal fim.

Entretanto, quando se tratar de operações de maior vulto, situação típica do mercado de atacado, é recomendável fornecer ao cliente o número do telefone celular do vendedor, a fim de evitar uma longa demora em responder a qualquer dúvida que ele eventualmente possa ter, mesmo após o fechamento e a formalização da operação. Às vezes, um cliente pode sofrer o que se chama de "remorso do comprador", uma angústia muito grande após tomar uma importante decisão. Em uma situação como essa, o vendedor tem de providenciar uma resposta rápida e assertiva, para evitar o cancelamento da ordem de compra. Esse procedimento é mais fácil se o comprador tiver acesso direto a você e não precisar passar por telefonista, recepcionista ou secretária.

O ideal é que todas as ações de pós-venda sejam mencionadas na fase de fechamento do negócio. Além de ajudar na conclusão da transação, esse procedimento envia um sinal claro ao cliente de que você estará ao seu lado, mesmo depois que a compra estiver consumada, e que, de fato, a parceria é efetiva.

Realize um acompanhamento estreito dos fatores que costumam ser críticos após a conclusão do negócio, tais como: entrega, instalação e assistência técnica, mantendo o cliente informado quanto ao progresso desses assuntos. Confirme com o cliente se ele recebeu exatamente o que foi acordado e nos prazos combinados. Quando se tratar de primeira compra, coloque-se à disposição para responder a quaisquer dúvidas que possam eventualmente surgir após o início do uso do produto.

Outra maneira eficaz de consolidar o relacionamento com o cliente e obter informações críticas para seu negócio é solicitar um retorno mais detalhado sobre a transação que foi realizada. Pergunte se ele poderia preencher um formulário curto sobre o desfecho dos diferentes aspectos combinados na operação.

Também é bastante útil também se algumas seções desse formulário fossem completadas pela equipe do cliente, pois é provável que seja ela que realmente manuseia na prática o produto vendido ou utiliza os serviços prestados. Não se esqueça de reconhecer o esforço do cliente em ajudar, enviando a ele e a sua equipe um pequeno presente para lhes agradecer o tempo e garantir que você os informará sobre as medidas que tomará para melhorar as próximas operações.

Adotar essa abordagem produz muitos benefícios, entre os quais a adaptação de seu produto ou serviço às necessidades do cliente, a demonstração de sua preocupação com o sucesso dele também e, finalmente, o uso das informações obtidas para aperfeiçoar seu produto na conquista de novos clientes.

O acompanhamento dos resultados se faz mais importante ainda quando a operação não é fechada, isto é, quando não houve acordo. Se a venda não for bem-sucedida, a forma como você lida com a situação terá um impacto significativo sobre sua capacidade de fazer negócios com o cliente no futuro. Profissionalismo é importante, por isso, lembre-se de agradecer ao cliente e sugerir que você espera que sua empresa tenha uma nova oportunidade de trabalhar com ele no futuro.

Nesses casos, é de extrema relevância obter informações sobre as causas do insucesso. Com base nesses dados, a equipe de negociação deve discutir quais são, efetivamente, as competências e qualificações que faltaram para convencer o cliente de que a transação poderia ter-lhe proporcionado benefícios. Trata-se mesmo de uma questão de sobrevivência da empresa no mercado, pois nessa etapa poderão ser encontrados os primeiros sinais de perda de competitividade da companhia em seu ramo de atuação. Um diagnóstico precoce de fragilidades internas e de uma atuação vigorosa e bem qualificada da concorrência é fundamental para evitar perdas de mercado, com consequente queda de faturamento e resultados que podem se tornar irreversíveis se percebidos tardiamente.

Vale a pena ressaltarmos que as ações de pós-venda não têm recebido a devida importância e atenção por parte da maioria das empresas. Sem correr o risco de exagerar, podemos assegurar que é nessa etapa da negociação que está incorporada a verdadeira essência do sucesso duradouro dos negócios. Mas, por incrível que pareça, muitas companhias ainda não conseguem perceber o valor de uma boa estratégia para o acompanhamento dos resultados das vendas e fortalecimento dos laços de confiança com o comprador.

Demonstrando claramente ao cliente que nos preocupamos com ele e queremos que ele utilize da melhor maneira o produto ou serviço que lhe vendemos, obtendo os maiores benefícios possíveis com isso, estaremos fixando de maneira profunda e sólida as raízes de um relacionamento comercial duradouro. Contudo, é preciso evidenciarmos esse compromisso com nosso cliente de uma forma palpável, oferecendo-lhe elementos concretos que gerem benefícios reais e tangíveis a ele. Nesse sentido, preparar um manual especial sobre como maximizar o investimento realizado pelo comprador é uma boa pedida.

Não se trata de um simples manual do proprietário ou manual de funções do equipamento. Para expressarmos melhor o que estamos querendo dizer, vamos nos valer de um exemplo de consumidor doméstico. Imagine uma pessoa comprando um aparelho novo para a sua cozinha – uma *air fryer*, que frita os alimentos sem usar óleo ou qualquer outro tipo de gordura. Quem compra um produto como esse está buscando hábitos de vida mais saudáveis, tem preferência por determinadas formas de preparo da sua alimentação, que acredita ser mais salutares. Agora imagine essa pessoa recebendo com o equipamento recém-comprado um livro com receitas de comidas especiais que podem ser feitas com aquele utensílio. Esse livro, que poderíamos chamar de *manual de benefícios*, não tem nada a ver com um guia de instalação e operacionalização do aparelho (que também é muito importante e deve ser cuidadosamente elaborado). Um manual de benefícios procura oferecer ao cliente opções de uso do produto que comprou que poderão lhe proporcionar um alto nível de satisfação, permitindo-lhe explorar oportunidades que ele sequer havia imaginado quando comprou o equipamento. Reiteramos aqui o que já foi falado em capítulo anterior: é preciso entregar mais do que o cliente espera. É preciso encantá-lo!

Adicionalmente, a empresa fabricante do produto poderia oferecer cursos presenciais ou pela internet para os consumidores interessados em estágios mais avançados de preparo de alimentos com aquele utensílio. Assim, a própria empresa, além de despertar altos níveis de satisfação em seus clientes finais, obtém informações valiosíssimas sobre funcionamento, adaptabilidade, flexibilidade, resistência e outras características técnicas do produto que fabrica, os quais permitirão seu aperfeiçoamento.

Não esqueça ainda que existe no meio o cliente pessoa jurídica, isto é, a empresa varejista que compra o produto do fabricante e o revende aos consumidores finais. Esse cliente certamente ficará muito satisfeito em constatar a preocupação e o comprometimento do fabricante em atingir e superar as expectativas do consumidor. Essa postura consolida uma visão positiva do varejista em relação ao seu fornecedor, aumentando o nível de confiança entre ambos e estimulando maior volume de transações comerciais entre eles.

Redobrada atenção deve ser dada ao pós-venda quando se tratar da primeira operação fechada com aquele cliente. Nesses casos, a relação comercial está ainda em estágio embrionário e, exatamente como acontece com um ser vivo na fase que sucede a sua concepção, é necessário alimentar e tratar com muito carinho e atenção essa relação que recém se inicia. Qualquer mal-entendido ou descuido pode provocar a perda definitiva desse cliente, pois ele ainda não adquiriu suficiente confiança para compreender eventuais falhas que uma relação madura já pode suportar.

Nos casos de primeira operação, é recomendável, logo após o fechamento do negócio, enviar um brinde ao cliente, com um cartão especialmente preparado de boas-vindas a uma nova família, expressando o desejo de que seja o primeiro passo de uma caminhada conjunta de muito sucesso entre as duas empresas. Faça seu cliente perceber que a primeira compra dele é uma ocasião especial para a sua empresa e que você vê naquele negócio o selo para uma parceria duradoura.

Síntese

Neste capítulo final, você pôde perceber como a análise e o entendimento prévio do contexto em que se desenvolverá uma negociação são importantes. Em uma análise mais prática e de curto prazo, você recebeu dicas importantes sobre como preparar-se pessoalmente e organizar as reuniões com seus clientes. Sob um ângulo de longo prazo e com vistas a fortalecer os vínculos comerciais necessários para dar sustentabilidade aos negócios, você também viu como deve ser construída uma relação sólida de negócios com os clientes, estando, para isso, particularmente atento às peculiaridades do mercado-alvo, as quais podem ser principalmente de natureza cultural, resultando em diferenças marcantes nos hábitos dos profissionais de negócios e na forma como conduzem suas transações comerciais. Ao final do capítulo, você aprendeu também sobre os aspectos mais importantes que devem ser cuidadosamente observados quando se caminha para o fechamento de uma transação comercial, e como devem ser monitorados e avaliados os desdobramentos finais de cada operação realizada, mantendo registros históricos de todos os fatos ocorridos, positivos e negativos, e o impacto que tiveram sobre o relacionamento comercial, acompanhando sempre o nível final de satisfação do cliente.

Pergunta e resposta

1. Nota-se claramente que um processo negocial envolve muitas variáveis importantes. É preciso ter extremos cuidado e atenção com cada detalhe para a conclusão de uma operação com sucesso e a garantia que outras serão feitas com aquele mesmo cliente. Mas, às vezes, pode ocorrer, lamentavelmente, alguma falha no processo. Em muitas organizações, as falhas são severamente punidas, inclusive com a

demissão do responsável. Como devemos tratar essa dinâmica em um processo negocial?

Um dos aspectos mais importantes em uma negociação é a transparência e o compromisso com a verdade. Ser absolutamente honesto com a outra parte produz, acima de tudo, uma percepção positiva nas pessoas e as incentiva a manter a relação, apesar de eventuais falhas que possam acontecer. O raciocínio é o seguinte: erros sempre acontecem, pois há pessoas envolvidas; no entanto, encarar a falha de maneira profissional e com humildade ajuda muito a superar o estresse e as consequências negativas de qualquer lapso que eventualmente ocorra.

Portanto, seja sempre o mais claro e transparente possível. Uma relação de longo prazo exige, além de confiança, respeito e honestidade. Isso significa que mesmo aquela famosa "mentirinha inocente", usada muitas vezes para justificar o atraso em uma entrega ou em responder a um *e-mail*, deve ser evitada. Nunca subestime a inteligência da outra parte, pois ela pode ter tanta ou mais experiência em negócios do que você, e perceberá claramente quando você está fazendo uso de algum tipo de manipulação, ainda que de maneira suave. Contar a verdade e nada mais do que a verdade o ajudará a construir uma reputação sólida e definitiva.

Questões para revisão

1. A respeito do contexto em que normalmente se desenvolve uma negociação, **não é correto** afirmar:

a) A identificação e análise adequadas proporcionam os elementos necessários para subsidiar um apropriado planejamento das estratégias e argumentos que poderão ser utilizados no processo negocial.
b) Os encontros negociais somente podem ser realizados de forma presencial.
c) Durante os encontros de negócios, principalmente aqueles que acontecem em ambientes públicos, como restaurantes, é importante estar atento à presença próxima de pessoas alheias ao processo, que pode levar a eventual vazamento de informações e situações constrangedoras.
d) Quanto mais bem avaliados e identificados a personalidade dos participantes e seus vínculos organizacionais, sociais e culturais, muito mais fácil será entender as emoções e sentimentos que estarão desempenhando papel ativo no processo.

2. Quais são as três camadas responsáveis pela forma única de ser de cada indivíduo e pelo jeito como ele desenvolve sua programação mental?

3. Assinale a alternativa que **não** representa uma ação adequada de preparação de uma reunião de negócios:
    a) Confirme a reunião com todos os integrantes, preferencialmente por *e-mail*. Envie uma pequena nota confirmando a reunião e o tópico.
    b) Faça uma pesquisa. Investigue tudo quanto você puder sobre a outra parte e seus representantes, principalmente se for o primeiro encontro com eles.

c) Deixe bastante espaço para improvisação. Não é conveniente programar exageradamente todas as etapas da reunião nem se deve prefixar um horário para o término da atividade.

d) Planeje algumas perguntas e comentários antecipadamente. É preciso dispor de uma estratégia de "quebra-gelo" para qualquer reunião.

4. O que são *desbloqueadores de uma negociação*?

5. A respeito da etapa de fechamento de um negócio internacional, assinale a alternativa **incorreta**:

   a) Não se deve burocratizar a etapa de fechamento do negócio. Portanto, a verificação sobre os principais pontos-chave da transação pode e deve ser feita por telefone.

   b) É importante que, ao se encaminhar a operação para o seu fechamento, não haja mais dúvidas que possam comprometer o sucesso final da negociação e a realização de novas transações comerciais.

   c) O primeiro passo para o processo de fechamento é resumir os principais pontos de sua proposta de venda com as pessoas que vão tomar a decisão.

   d) Negociações tendem, muitas vezes, a se estender desnecessariamente. Um negociador deve valorizar seu tempo e o de seu parceiro, imprimindo objetividade ao processo.

Estudo de caso

A Empone S. A., da República da Wonderlândia, é uma empresa importante no país e recentemente estabeleceu em seu planejamento estratégico uma diretriz muito significativa: diversificar geograficamente suas vendas, ampliando suas operações em mercados externos. Atualmente, encontra-se em estado bastante avançado de negociações com uma grande empresa varejista do Reino da Trúcia, chamada K-Lot Inc.

O carro-chefe da linha de produtos da Empone é um creme facial inovador anti-idade, desenvolvido inteiramente pela empresa e recém-patenteado no próprio país. A importadora é, potencialmente, um dos maiores compradores do produto em seu país, tendo uma extensa rede de filiais espalhadas por todo o território nacional.

A Empone S. A. nunca efetuou vendas para a Trúcia. O conselho de administração da companhia, entretanto, estabeleceu como prioridade para este ano abrir novos mercados no exterior, e a Trúcia foi identificada como um país-alvo, em função do tamanho do seu mercado interno.

Os números da companhia importadora, entretanto, apontam faturamento decrescente. Relatório de empresa especializada, provedora de informações comerciais e estratégicas, indica também que um dos principais sócios da companhia deixou a empresa no ano passado.

Dado que a Wonderlândia vem experimentando um crescimento econômico sem precedentes, atraindo enorme volume de investimentos externos, projeções efetuadas por grandes economistas indicam perspectiva de valorização do dólar nos próximos 12 meses, em relação à moeda local. O produto da Empone é cotado em dólar, mas 80% dos custos são em moeda nacional.

Já na Trúcia vêm ocorrendo frequentes manifestações públicas sobre a necessidade de alteração do atual regime de monarquia parlamentarista. Tem havido duras críticas às políticas de distribuição de renda estabelecidas pelo atual governo, embora o país venha experimentando relativo progresso econômico. Já há até boatos de inquietação nos quartéis.

O valor da proposta feita à Empone foi de US$ 2 milhões, para pagamento em 60 dias após o embarque da mercadoria. O valor do negócio representa apenas 0,5% do faturamento anual da companhia. A oferta foi na modalidade CIF (*cost, insurance and freight*; em português, custo, seguro e frete), com transporte aéreo. Até o momento ainda não foi aberto nenhum mercado novo no exterior, e já passa da metade do ano.

Na Trúcia, o custo para tomar dinheiro emprestado em bancos locais é muito baixo. A K-Lot identificou que o produto oferecido pela Empone poderia ter boa aceitação no país, mas precisaria fazer uma série de adaptações em suas lojas, para revender o produto. Além disso, não está disposta a pagar o valor pedido. Sua contraproposta é de US$ 1,8 milhão.

Sabe-se, no entanto, que a Empone buscou apresentar um preço bastante atrativo para ganhar essa operação, espremendo muito sua margem de lucro. Já não há mais espaço para a redução de preço. Essa negociação encontra-se atualmente travada em face dos seguintes principais problemas:

- Diferença de preço entre o que o exportador pede e o que o importador está disposto a pagar.
- Preocupação do exportador concernente à real situação operacional da empresa importadora, tendo em vista a tendência de queda em seu faturamento.
- Incertezas com relação à conjuntura política no Reino da Trúcia, o que pode, em caso extremo, impedir os pagamentos que devem ser realizados pelas empresas nacionais ao exterior.

Diante da situação apresentada, o que um bom negociador pode fazer para desbloquear essa negociação?

Inicialmente, um bom negociador deve investigar mais profundamente as informações e o entorno das questões que estão bloqueando a operação de seguir adiante. Nesse sentido, é importante que, além dos dados obtidos por meios indiretos, o profissional vá pessoalmente ao outro país para conhecer melhor as circunstâncias que envolvem o processo. Para isso, é necessário um bom conhecimento do idioma estrangeiro. Dessa forma, ele vai descobrir que, embora a empresa K-Lot tenha tido uma pequena queda de faturamento nos últimos três anos, o volume total de suas vendas ainda superou a cifra de US$ 500 milhões no ano passado, devendo ocorrer uma retomada de vendas neste ano, em razão de uma série de ações adotadas com a contratação de consultoria especializada em análise e desenvolvimento de mercados, o que foi feito após a saída de um dos principais sócios da empresa, que se opunha a esse tipo de medida. Exemplo de uma das ações tomadas, já em fase de implantação, é a estruturação de um sistema completo de *e-commerce*, para alcançar as cidades do país onde a empresa não tem loja física.

Outra medida importante que deve ser tomada por um bom negociador é a providência das licenças técnicas necessárias com os órgãos reguladores no país de destino, o que lhe renderá maior credibilidade com o comprador, pois demonstrará sua preocupação com a segurança e viabilidade técnica da operação.

Entretanto, permanece a incerteza com relação à situação política da Trúcia, o que pode definitivamente inviabilizar uma transação comercial a prazo, uma vez que, no vencimento, poderá haver dificuldades para o comprador realizar o pagamento. Por outro lado, o importador não abre mão de pagar um preço menor do que está sendo pedido. Esse conjunto de variáveis não resolvidas é a pista para um negociador inteligente identificar corretamente os pontos que podem desentravar a operação, os chamados *desbloqueadores*.

De forma objetiva, o interveniente buscará agregar uma nova dimensão e um novo valor à percepção do negócio pela outra parte, procurando, ao mesmo tempo, obter um resultado que lhe seja mais favorável do que a proposta inicialmente colocada sobre a mesa. Nessa ordem de ideias, perceberá que poderá atender ao desejo da outra parte, de pagar um valor menor e ao mesmo tempo eliminar seu próprio receio de realizar uma venda a prazo para um país em situação política delicada: surge a ideia de propor à outra parte um pagamento antecipado da operação, oferecendo-lhe em contrapartida o pretendido desconto de US$ 200 mil no valor da mercadoria. Adiantar os recursos antes do embarque do produto representará um esforço pequeno para a empresa importadora, dado que o custo do dinheiro em seu país é muito baixo. Por outro lado, é vantajoso para a empresa exportadora, pois lhe antecipa um valor em dólares que mais adiante pode ter menor valor. Pode-se, ainda, alterar o modal de transporte da operação, de aéreo para marítimo, considerando que não há urgência na entrega do produto, uma vez que o importador ainda tem de fazer importantes modificações na estrutura de atendimento de suas lojas, o que deve levar no mínimo 30 dias. Essa medida, sem dúvida, reduzirá o custo final da operação, resultando em um ganho para o exportador (que é o pagador do frete), que pode, assim, flexibilizar um pouco mais seu preço. Dessa maneira, ambas as partes se beneficiarão e conseguirão satisfazer suas necessidades e interesses.

Para concluir...

Ao chegar ao final desta obra, creio que vale a pena perguntar-nos algo: por que é importante desenvolver a habilidade de negociar?

Pensamos que a importância de uma leitura, de um estudo, ou de qualquer outra atividade que consome algo que nos é extremamente precioso nos dias atuais, o tempo, é expressa pela relação direta de sua utilidade em nossas vidas.

Nessa ordem de ideias, a negociação assume um papel fundamental para o ser humano e para a sociedade, transcendendo uma aplicação inicialmente restrita à área comercial, objetivo primário deste livro.

Ao virarmos esta última página, convidamos você a buscar aplicar nas diversas situações da vida cotidiana aquilo que aprendemos e construímos juntos no decorrer desta obra. Que o trabalho que desenvolvemos juntos aqui seja o primeiro passo para uma caminhada que deve ser permanentemente exercitada ao longo de nossa existência: negociar, negociar e negociar e, quando uma situação aparentemente não tiver mais solução, negociar mais um pouco!

Se soubermos negociar de maneira efetiva, pautados por uma conduta ética e com foco em resultados positivos para todas as partes envolvidas, certamente muitos obstáculos em nossa vida pessoal e profissional serão superados com mais facilidade.

E, especificamente no que tange à negociação internacional, é muito importante ter em conta as diferenças culturais que povos de outros países apresentam em relação aos nossos próprios costumes. Estudar hábitos, tradições e práticas comerciais das outras nações certamente nos ajudará a não cometer erros que podem jogar por terra o esforço de toda uma equipe de trabalho e comprometer até mesmo o resultado de uma companhia.

Assim, em um negócio com parceiros forâneos, há que se dedicar especial empenho ao conhecimento das suas peculiaridades linguísticas e hábitos de vida, com o fito de melhor compreender sua forma de pensar e agir, buscando assim estabelecer laços duradouros de relacionamento e assegurando bons negócios para ambas as partes.

E vale lembrarmos: os bons negociadores não nascem prontos. São construídos no fogo do seu esforço, nas experiências acumuladas e na vontade de serem melhores a cada novo dia.

Referências

ACUFF, F. L. **Como negociar qualquer coisa com qualquer pessoa em qualquer lugar do mundo.** São Paulo: Senac, 1998.

AHK – Deutsche Auslandshandelskammern. **AHK Organisation.** Disponível em: <http://www.ahk.de/en/about-ahk/ahk-organization/?land=0%5C%5C%5C%27A%3D0>. Acesso em: 29 jan. 2016.

AUMA – Ausstellungs und Messe Ausschuss der Deutschen Wirtschaft e.V. **Succesful Participation in Trade Fairs.** Berlin: Association of the German Trade Fair Industry, 2014.

AYRES, M. Como Zara e 5 grifes reagiram à acusação de trabalho escravo. **Revista Exame**, São Paulo, 23 jul. 2012. Disponível em: <http://exame.abril.com.br/negocios/noticias/o-que-a-zara-e-5-grifes-fazem-mesmo-com-o-trabalho-escravo>. Acesso em: 10 fev. 2015.

BARBOSA, M. Brasil cai em ranking mundial de competitividade e fica no 54º lugar. **Folha de S. Paulo,** 22 maio 2014. Disponível em: <http://www1.folha.uol.com.br/mercado/2014/05/1458086-brasil-cai-em-ranking-mundial-de-competitividade-e-fica-no-54-lugar.shtml>. Acesso em: 12 ago. 2015.

BENAVIDES, L.; ESKINAZIS, V. de; SWAN, D. Six Steps to Successful Supply Chain Collaboration. **CSCMP's Supply Chain Quarterly,** Massachusetts, Supply Chain Media LLC, 2. Quarter 2012. Disponível em: <http://www.supplychainquarterly.com/topics/Strategy/20120622-six-steps-to-successful-supply-chain-collaboration>. Acesso em: 12 ago. 2015.

BERNABEU, F. G. **Negociadores da sociedade do conhecimento**. Rio de Janeiro: Ciência Moderna, 2008.

BITKOM. **Bitkom Industry Confident ahead of CeBIT**. 28 jan. 2015. Disponível em: <http://www.bitkom.org/en/about_bitkom/42611.aspx>. Acesso em: 23 fev. 2015.

BLOOM, B. S. et al. **Taxonomy of Educational Objectives**. New York: David McKay, 1956.

BRACEY, L. Establishing Trust: the Importance of Reputation. **Business in Focus Magazine**, Halifax, p. 122-127, Oct. 2012. Disponível em: <http://www.businessinfocusmagazine.com/e_mag/BIFOct2012/index.html#?page=122>. Acesso em: 12 ago. 2015.

BRASIL. Lei n. 8.078, de 11 de setembro de 1990. **Diário Oficial da União**, Poder Legislativo, Brasília, DF, 12 set. 1990. Disponível em: <http://www.planalto.gov.br/ccivil_03/Leis/L8078.htm>. Acesso em: 19 out. 2015.

_____. Câmara de Comércio Exterior. Resolução Camex n. 21, de 7 de abril de 2011. **Diário Oficial da União**, Câmara de Comércio Exterior, Brasília, DF, 8 abr. 2011. Disponível em: <http://www.camex.gov.br/legislacao/interna/id/772>. Acesso em: 13 ago. 2015.

BRETON, P. **A manipulação da palavra**. São Paulo: Loyola, 1999.

CACIOPPO, J. T.; GARDNER, W. L. Emotion. **Annual Review of Psychology**, Palo Alto(CA), v. 50, p. 191-214, 1999.

CUMMINS, T. International Negotiation and Support: a Multi-Company Study – Executive Summary. **The Negotiator Magazine**, Fountain Hills (AZ), p. 1-5, Jan. 2007. Disponível em: <http://negotiatormagazine.com/article351_1.html>. Acesso em: 4 out. 2015.

D'ELIA, M. E. **Profissionalismo, não dá para não ter.** São Paulo: Gente, 1997.

DAMASIO, A. **The Feeling of what Happens**: Body and Emotion in the Making of Consciousness. San Diego (CA): Harcourt, 1999.

DASÍ, F. de M.; MARTÍNEZ, R. M.-V. **Técnicas de Negociación.** Madrid: ESIC Editorial, 2013.

DUARTE, N. O poder da fábula. **Revista Forma Breve**, Aveiro, n. 3, p. 109-120, 2005.

DUZERT, Y.; SPINOLA, A. T.; BRANDÃO, A. **Negociação**: negociações empresariais. São Paulo: Saraiva, 2010. (Série GVlaw).

ECCLES, R. G.; NEWQUIST, S. C.; SCHATZ, R. Reputation and its Risks. **Harvard Business Review**, Watertown (MA), Feb. 2007. Disponível em: <https://hbr.org/2007/02/reputation-and-its-risks>. Acesso em: 12 ago. 2015.

FDC – Fundação Dom Cabral; IMD – Real World Real Learning. **Brasil perde três posições no ranking mundial de competitividade do IMD 2014.** Disponível em: <http://www.fdc.org.br/blog espacodialogo/Documents/indice_competitividade_mundial 2014.pdf>. Acesso em: 25 mar. 2015.

FISCHER, R.; URY, W.; PATTON, B. **Como chegar ao sim**. 2. ed. Rio de Janeiro: Imago, 2005.

FORESTER, J. Critical Moments in Negotiations: on Humor and Irony, Recognition and Hope. In: JOHANSSON, U.; WOODILLA, J. (Ed.). **Irony and Organizations**: Epistemological Claims and Supporting Field Stories. Denmark: Abstrak Forlag-Liber-Copenhagen Business School Press, 2005. p. 227.

FULMER, I. S.; BARRY, B. The Smart Negotiator: Cognitive Ability and Emotional Intelligence in Negotiation. **International Journal of Conflict Management**, West Yorkshire, v. 15, n. 3, p. 245, July 2004.

GERMANY the Travel Destination. **Trade Fairs in Germany**. Disponível em: <http://www.germany.travel/en/business-travel/trade-fairs/trade-fairs/messen.html>. Acesso em: 23 fev. 2015.

GROOS, M. **Dicas práticas de comunicação**: boas ideias para os relacionamentos e os negócios. São Paulo: Trevisan, 2013.

HENDON, D. W.; AHMED, Z. U. Profile of an Skillful International Business Negotiator. **Delhi Business Review**, Delhi, v. 3, n. 2, July/Dec. 2002. Disponível em: <http://www.delhibusinessreview.org/v_3n2/dbrv3n2b.pdf>. Acesso em: 12 ago. 2015.

HOFSTEDE, G. H. **Cultures and Organizations**: Software of the Mind. Holland: McGraw-Hill, 1997.

HORTA, A. M. O capitalismo bandido. **Revista Época**, São Paulo, ed. 217, 15 jul. 2002. Disponível em: <http://revistaepoca.globo.com/Epoca/0,6993,EPT341656-1662,00.html>. Acesso em: 12 out. 2015.

HYKEN, S. **Manage your Customer Service Moments of Truth and Create Moments of Magic®**. Disponível em: <http://www.forbes.com/sites/shephyken/2014/11/25/manage-your-customer-service-moments-of-truth-and-create-moments-of-magic/2/#5469b1dc28e5>. Acesso em: 29 jan. 2016.

IEDI – Instituto de Estudos para o Desenvolvimento Industrial. **Carta IEDI n. 647**: o Brasil e o ranking internacional de exportadores e importadores de manufaturados. São Paulo: Instituto de Estudos para o Desenvolvimento Industrial, 24 out. 2014. Disponível em: <http://iedi.org.br/cartas/carta_iedi_n_647.html>. Acesso em: 12 ago. 2015.

INCOTERMS 2010. Paris: International Chamber of Commerce, 2010.

ITA – International Trade Administration. **Export Financing Under The National Export Initiative**. Disponível em: <http://trade.gov/nei/export-financing.asp>. Acesso em: 01 fev. 2016a.

_____. **Free Trade Agreements**. Disponível em: <http://trade.gov/fta>. Acesso em: 28 jan. 2016b.

_____. **National Export Initiative Fact Sheet**. Disponível em: <http://trade.gov/nei/nei-fact-sheet.asp>. Acesso em: 16 fev. 2015.

IWAKURA, M. 10 maneiras de encantar o cliente. **Pequenas Empresas & Grandes Negócios**, Rio de Janeiro, 23 fev. 2014. Disponível em: <http://revistapegn.globo.com/Franquias noticia/2014/02/10-maneiras-de-encantar-o-cliente.html> Acesso em: 12 ago. 2015.

KFW – Kreditanstalt für Wiederaufbau. **KfW turns 65**. Disponível em: <https://www.kfw.de/KfW-Group/Newsroom/Aktuelles/Pressemitteilungen/Pressemitteilungen-Details_171713.html>. Acesso em: 29 jan. 2016.

KRATHWOHL, D. R. A Revision of Bloom's Taxonomy: an Overview. **Theory into Practice**, v. 41, n. 4, p. 212-218, Autumn 2002.

LAX, A.; SEBENIUS, J. **Negociação 3D**: ferramentas poderosas para modificar o jogo nas suas negociações. Porto Alegre: Bookman, 2009.

LEWICKI, R. J.; SAUNDERS, D. M.; BARRY, B. **Fundamentos de negociação**. São Paulo: McGraw-Hill, 2011.

MAUSS, M.; EVANS-PRITCHARD, E. E. **The Gift**: Forms and Functions of Exchange in Archaic Societies. New York: Norton, 1967.

MAXWELL, J. C. **Talento não é tudo**: descubra os 13 princípios para você superar seus talentos e maximizar suas habilidades. Rio de Janeiro: Thomas Nelson, 2007.

MICHAELIS: moderno dicionário da língua portuguesa. São Paulo: Companhia Melhoramentos, 1998.

NAIDITCH, S. Tramontina assume setor no Wal-Mart nos Estados Unidos. **Revista Exame**, São Paulo, 29 jul. 2005. Disponível em: <http://exame.abril.com.br/negocios/noticias/tramontina-assume-setor-no-wal-mart-nos-estados-unidos-m0079140>. Acesso em: 11 fev. 2015.

PACHTER, B. **The Essentials of Business Etiquette**: how to Greet, Eat, and Tweet your Way to Success. New York: McGraw-Hill, 2013.

PANAGARIYA, A. **China's Export Strategy**: what Can We Learn From it? University of Maryland, Sept. 2003. Disponível em:<http://www.columbia.edu/~ap2231/Policy%20Papers/F&D-China-India-june95.pdf>. Acesso em: 22 maio 2015.

PORTER, M. **Estratégia competitiva**: técnicas para análise de indústrias e da concorrência. 2. ed. Rio de Janeiro: Elsevier, 2004.

PWC – Pricewaterhouse Coopers Aktiengesellschaft Wirtschaftsprüfungsgesellschaft. **German export credit guarantees**. Disponível em: <http://www.pwc.de/en/wir-uber-uns.html>. Acesso em: 29 jan. 2016.

QUERO ser grande. Direção: Penny Marshall. EUA: 20th Century Fox,1988.104 min.

RAIFFA, H. **The Art and Science of Negotiation**. Boston: Harvard University Press, 1982.

ROCHAT, P. Humans Evolved to Become Homo Negotiatus... the Rest Followed. **Behavioral and Brain Sciences Journal**, Cambridge, England, v. 28, p. 714-715, 2006. Disponível em: <http://www.psychology.emory.edu/cognition/rochat/lab/Humans%20evolved%20to%20become%20Homo.pdf>. Acesso em: 13 ago. 2015.

ROCHAT, P.; FERREIRA, C. P. Homo Negotiatus: Ontogeny of the Unique Ways Humans Own, Share and Reciprocate. In: ITAKURA, S.; FUJITA, K. **Origins of the Social Mind**: Evolutionary and Developmental Views. New York: Springer-Verlag, 2008. p. 141-156.

SÃO PAULO. FUNDAÇÃO PROCON – Agência de Proteção e Defesa do Consumidor. **Cadastro de reclamações fundamentadas 2013**: dados, rankings e comentários. São Paulo, mar. 2014. Disponível em: <http://www.procon.sp.gov.br/pdf/ranking_2013_coment.pdf>. Acesso em: 5 jan. 2015.

SBA – US Small Business Administration. **SBA Loan Dollars in FY 2012 Reach Second Largest Total Ever; $30.25 Billion Second Only to FY 2011**. Disponível em: <https://www.sba.gov/content/sba-loan-dollars-fy-2012-reach-second-largest-total-ever-3025-billion-second-only-fy-2011>. Acesso em: 28 jan. 2016.

STARK, P. B.; FLAHERTY, J. Ethical Negotiations: 10 Tips to Ensure Win-Win Outcomes. **The Negotiator Magazine**, Fountain Hills, 2003. Disponível em: <http://negotiatormagazine.com/showarticle.php?file=article106&page=1>. Acesso em: 13 ago. 2015.

TAHAN, M. **O homem que calculava**. 44. ed. Rio de Janeiro: Record, 1997.

UBC – University of British Columbia.Sauder School of Business. **Pacific Exchange Rate Service**. Disponível em: <http://fx.sauder.ubc.ca/data.html>. Acesso em: 20 fev. 2015.

UNCTAD – United Nations Conference on Trade and Development. **Global Trade Trends**. 2012. Disponível em: <http://dgff.unctad.org/chapter1/1.1.html>. Acesso em: 29 mar. 2015.

UPDATE 2-U.S. Challenges Chinese Export Subsidies. **Reuters**, 12 Feb. 2015. Disponível em: <http://www.reuters.com/article/2015/02/12/usa-trade-china-idUSL1N0VL1SH20150212>. Acesso em: 22 fev. 2015.

URDAN, F. T.; NAGAO, L. Atributos intrínsecos e extrínsecos nas avaliações dos consumidores e efeitos na qualidade, valor e satisfação. SEMINÁRIOS EM ADMINISTRAÇÃO FEA-USP – SEMEAD, 7., 2004, São Paulo. **Anais**... São Paulo: USP, 2004.

URY, W. **O poder do não positivo**: como dizer não e ainda chegar ao sim. Rio de Janeiro: Elsevier, 2007.

USTDA – US Trade and Development Agency. **US Exports**. Disponível em: <https://www.ustda.gov/program/evaluations/us-exports>. Acesso em: 21 jan. 2016.

VECCHIO, A. et al. **Comunicação de negócios**: reunião – criar a pauta, conhecer os participantes, cuidar do tempo. São Paulo: Abril, 2004.

WANDERLEY, J. A. **Negociação total**: encontrando soluções, vencendo resistências, obtendo resultados. São Paulo: Gente, 1998.

WORLD BANK GROUP. **World Development Indicators.** Disponível em: <http://databank.worldbank.org/data/reports.aspx?source=2&type=metadata&series=CM.MKT.LCAP.CD>. Acesso em: 19 jul. 2015.

WORLD TRADE ORGANIZATION. **International Trade and Market Access Data**. 2014. Disponível em: <http://wto.org/english/res_e/statis_e/statis_bis_e.htm?solution=WTO&path=/Dashboards/MAPS&file=Map.wcdf&bookmarkState={%22impl%22:%22client%22,%22params%22:{%22langParam%22:%22en%22}}>. Acesso em: 24 fev. 2015.

Respostas

Capítulo 1

Questões para revisão

1) c

2) Os processos negociais podem ser classificados, de modo geral, em **distributivo**, no qual o foco da disputa está relacionado a um único elemento (por exemplo, o valor de um objeto a ser transacionado entre as partes), e **integrativo**, em que a negociação envolve um conjunto maior e mais complexo de fatores a chegarem a consenso entre as partes. Nas negociações do primeiro grupo, sempre alguém terá de ceder para que se chegue a um acordo. É por natureza uma disputa em que haverá ganhadores e perdedores. No segundo grupo, como há diversos elementos em jogo, com diferentes interesses sobre cada um deles, o resultado do processo pode vir a ser benéfico para todas as partes envolvidas. Esse tipo de negociação pode se dar em ambiente competitivo, quando é semelhante ao primeiro grupo, ou em ambiente colaborativo, caso em que há um ganho coletivo.

3) d

4) A linguagem não verbal é mais sutil e menos explícita do que a forma verbal de comunicação. É veiculada na maioria das vezes de modo inconsciente, imperceptível até pelo próprio emissor, transmitida pelos gestos, pelos olhares, pela maneira de sentar, pela forma de respirar, enfim por todos os modos de manifestação que o corpo pode produzir, além da fala e da escrita, e que se revelam, em geral, independentemente da vontade consciente do comunicador.

A linguagem corporal tem mais significado que as expressões verbais utilizadas pelo emissor, porque, em geral, é espontânea, natural, desprovida de qualquer dissimulação ou estruturação argumentativa intencionalmente criada pelo interlocutor.
5) d

Capítulo 2

Questões para revisão

1) d
2) As três visões que devem estar disseminadas em todo o ambiente organizacional são:
   1. A visão do cliente, isto é, conhecer, entender o cliente, ter uma visão adequada, corretamente mensurada, das suas necessidades, das suas expectativas, do seu modo de ser, agir e pensar e, a partir desse conhecimento, encontrar a melhor forma de satisfazê-lo.
   2. A visão do produto, em que o foco deve ser na inovação e adaptação constante do produto para satisfazer cada vez mais e melhor o comprador. Preparar apropriadamente a força de vendas também é importante;
   3. A visão de longo prazo, isto é, a percepção que uma companhia deve ter da necessidade de sustentabilidade em suas relações com o cliente.

3) b
4) Porque esse princípio não trata apenas de atender às demandas e necessidades primárias do comprador, mas propõe elevar o patamar do atendimento e da satisfação a um nível não imaginado por ele. A ideia fundamental aqui é a importância de criar uma lembrança positiva na mente do cliente, para fazer com que ele torne a realizar negócios com a empresa. Então, é preciso ser mais do que satisfatório. É necessário "ser mágico".
5) c

Capítulo 3

Questões para revisão

1) c

2) Esse grupo de habilidades refere-se à capacidade de raciocinar, formar conceitos e resolver problemas usando informações novas ou procedimentos não habituais. O raciocínio compreende a capacidade de tirar conclusões e criar soluções inovadoras, por meio da análise das relações entre as condições apresentadas pelo contexto. As habilidades pertencentes a esse grupo estão, portanto, relacionadas diretamente ao conhecimento, à compreensão de um problema ou fato e à formulação de hipóteses e soluções.

3) d

4) Negociadores éticos não pensam apenas sobre o que podem obter em uma negociação, mas também sobre o que podem dar à outra parte. Dessa forma, eles assumem uma visão de longo prazo. Eles sabem que um cliente que sai satisfeito de uma transação comercial, com sentimento de haver sido atendido em seus objetivos e expectativas, estará muito mais disposto a voltar e fazer novas operações no futuro.

5) a

Capítulo 4

Questões para revisão

1) d

2) Em geral, as pequenas e médias empresas tendem a se beneficiar mais dos acordos de liberação do comércio do que as demais. Visto que são tipicamente menos capazes do que as grandes empresas para lidar com procedimentos pesados, regimes regulatórios não transparentes e outras barreiras de acesso a mercado, as PME têm muitas vantagens com as novas facilidades comerciais alcançadas pelos acordos.

3) a

4) Uma Export Credit Agency é uma instituição de capital público ou misto que oferece empréstimos, garantias e seguros subsidiados pelo governo para as empresas de seu país de origem, visando apoiá-las em seus negócios no exterior, principalmente em países em desenvolvimento e emergentes. Atua tanto de forma individual, atendendo diretamente aos exportadores, como de forma combinada, em parceria com outras instituições de crédito, podendo operar basicamente de três maneiras distintas:
1. empréstimos diretos;
2. intermediário financeiro;
3. equalização de taxa de juros.

5) c

Capítulo 5

Questões para revisão

1) b
2) A forma única de ser de cada indivíduo é dada por um complexo processo de acumulação e consolidação de pensamentos, ideias, sensações e emoções; conformando comportamentos, que são: alguns inatos, e outros adquiridos por aprendizagem e amadurecimento no decorrer de sua vida. Três camadas se superpõem e se aglutinam para proporcionar o jeito único e específico pelo qual cada ser humano desenvolve sua programação mental: a natureza humana, a cultura e a personalidade.
3) c
4) Desbloqueadores de uma negociação são elementos que vão surpreender positivamente a outra parte, oferecendo-lhe algum tipo de ganho ou benefício ainda não imaginado por ela quando se iniciaram as negociações. É uma verdadeira "carta na manga". É importante ressaltarmos que o desbloqueador é um fator absolutamente positivo, concebido unicamente com o objetivo de agregar uma nova dimensão e um novo valor à percepção do negócio pela outra parte.
5) a

Sobre o autor

Gustavo Paiva Iamin é mestre em Administração pela Universidade Federal do Rio Grande do Sul. Economista, com MBA em Negócios Internacionais, atua na área de comércio exterior há mais de 20 anos e participou de treinamentos nos Estados Unidos e na Inglaterra. Exerceu funções executivas no âmbito corporativo em diversas regiões do país e no exterior, havendo trabalhado na Espanha, Inglaterra e Argentina. Apresenta grande experiência em mercado financeiro, desempenhando atualmente funções na área docente, em cursos de graduação e pós-graduação, na Fundação Getulio Vargas (FGV) e na Universidade Positivo, e atuando como consultor de negócios e operações internacionais.

Os papéis utilizados neste livro, certificados por instituições ambientais competentes, são recicláveis, provenientes de fontes renováveis e, portanto, um meio **respons**ável e natural de informação e conhecimento.

FSC
www.fsc.org
MISTO
Papel | Apoiando o manejo florestal responsável
FSC® C103535

Impressão: Reproset